体育科授業サポートBOOKS

明治図書

図解でわかる！
体育授業の
必須スキル
Q&A

垣内 幸太 著

はじめに

　本書を手に取っていただきありがとうございます。はやいもので，教員歴も27年目を終えようとしています。そのうち担任としての21年間は，附属小学校での勤務も含め，体育の授業に最も力を入れてやってきました。子どもたちと過ごす体育の時間は，とても幸せな時間でした。その後，教頭，校長と立場が変わり，体育の授業をすることはなくなりました。しかし，いまも遠目に体育の授業をみていると，「子どもと一緒に授業がしたい」「もっとできるようにしたい」「わかるようにしたい」「楽しませたい」とうずうずしてくる自分を抑えきれずにいます。

　以前こんなことがありました。市の教育研究会で体育の公開授業がおこなわれたときのことです。授業後の協議会では，授業に対しての質問や意見が活発に飛び交っていました。「よい協議会だった」と多くの人が感じていたことでしょう。しかし，終わった後，ある若い先生が「難しすぎて何を話しているのかよくわかりませんでした……」とつぶやくのを耳にしました。衝撃でした。「最もいま学ばなくてはならない先生たちに届かないような話ならば意味がない」とハッとさせられたのです。何年も教師をしていると，また同じ教科の研究をしていると陥りやすいことかもしれません。

　そんなときに本書籍のお話をいただきました。自分自身で体育の授業をすることはできなくても，言葉のみならず図やイラストを交えることで，より多くの先生に「体育授業における大切なことや授業技術，喜びや楽しさ」を伝えたいと願い，この『図解でわかる！体育授業の必須スキルQ＆A』を書かせていただくことにしました。

　ややもすると各々の先生の持つ感覚や力量のみで，授業が語られがちな体育です。研究会などでも，見るからに体育ができそうな先生たちが集まっている教科です。また，実技教科である体育の授業は，先生にとっても得手不

得手が分かれる教科です。不得手だと感じている人からは「いつもの教室じゃないし……」「教科書がないし……」「自分はできないし……」といった声が聞こえてきそうです。

　でも，安心してください。「いつもと違う環境」「教科書がないこと」「できないこと」はまったくマイナスなことではありません。むしろそれらが，子どもたちにとってよい作用をもたらすことがたくさんあります。私自身も，元々器械運動はからっきしだめでした。さらに体はどんどんきれがなくなり動かなくなってきてはいますが，それでも体育の授業は，「まだまだ若い先生にも負けない」と自負しています。それは，体育授業で必要ないくつかのスキルを身につけてきたからです。

　このあとそれらのスキルについて，Chapter 1 では「体育教師が持つ９つのワザ」，Chapter 2 では「運動領域別でみるおさえるべきツボ」，Chapter 3 では「図解でわかる体育授業の必須スキル50」と順に述べていきます。図やイラストにすることにより頭の中でなんとなくイメージしていたことや感覚で捉えていたことを整理することができました。

　読んでいただいたみなさんが，教師が持つ９つのワザを駆使し，マネジメントスキルを発揮することで，体育の授業が得意に，いや大好きになってくれることを心より願っています。先生が大好きならば，子どもたちはもっともっと体育が大好きになります。

　体育授業に悩む先生のみならず，先生を指導する立場の先生，体育は得意だけれどもっと高めたい先生，いろいろな立場で尽力されている先生方が手にしてもらえれば幸いです。

　最後になりましたが，本書作成にあたり，明治図書出版の木村悠様には多くのご助言をいただきました。この場を借りて厚く御礼申し上げます。

大阪府箕面市立箕面小学校　垣内 幸太

CONTENTS

はじめに　03

Chapter 1　体育教師が持つ9つのワザ

- ワザ1　言葉　10
- ワザ2　動き　11
- ワザ3　表情　12
- ワザ4　眼　13
- ワザ5　判断　14
- ワザ6　道具選択　15
- ワザ7　腕（テクニック）　16
- ワザ8　ユーモア　17
- ワザ9　情熱　18

Chapter 2　運動領域別でみるおさえるべきツボ

- 1　体つくり運動系　20
- 2　器械運動系　22
- 3　陸上運動系　24
- 4　水泳運動系　26
- 5　ボール運動系　28
- 6　表現運動系　30

図解でわかる 体育授業の必須スキル50

①体育マネジメントスキル

- Q1　そもそも体育の授業はなにをめざしているのか？　36
- Q2　「わかる・できる」のその先へたどりつく授業とは？　38
- Q3　体育授業におけるマネジメントスキルとは？　40
- Q4　体育授業において「いの一番」に考えることは？　42
- Q5　マネジメントスキルを効果的に発揮するために必要なことは？　44
- Q6　体育授業において教師に必要な素地は？　46

②授業準備スキル

- Q7　単元を構想する際にまず何からスタートすればよいか？　50
- Q8　単元を構成していくときに注意すべきことは？　52
- Q9　単元計画における基本的な型はあるのか？　54
- Q10　授業の目標を考えるときに大切なことは？　56
- Q11　1時間の授業計画を立てる際に必要なことは？　58
- Q12　本時の目標はどのように立てればよいか？　60
- Q13　授業の1時間の流れをスムーズにするためには
　　　どうすればよいか？　62
- Q14　体育授業における教材とは何を指しているのか？　64
- Q15　子どもたちと運動の出会いにおいて大切なことは？　66
- Q16　中核をなす運動を教材化する（合わせる）ポイントは？　68
- Q17　体育授業における学習形態はどんな形があるのか？　70

③授業実践スキル

Q18 体育授業における学習規律とは？ 74

Q19 授業中，教師が話をするときに意識すべきことは？ 76

Q20 指導言を効果的に使いこなせるようになるコツは？ 78

Q21 体育授業における教具にはどんな役割が求められるのか？ 80

Q22 教具を授業で有効に活用するために必要なスキルは？ 82

Q23 体育における「場」とは？ 84

Q24 場を設定するときのコツは？ 86

Q25 子どもと教師がつながるとはどういうことか？ 88

Q26 子ども同士のつながりをつくるために大切なことは？ 90

Q27 グループ学習を進めるうえで大切なことは？ 92

Q28 グルーピングをする際に注意することは？ 94

Q29 体育授業において話し合い活動を取り入れる意義は？ 96

Q30 話し合い活動を有効に機能させるためのコツは？ 98

Q31 学習カードを有効に機能させるためのコツは？ 100

Q32 板書を有効に機能させるためのコツは？ 102

Q33 体育授業において ICT が果たす役割は？ 104

Q34 授業において ICT を活用する際に注意すべきことは？ 106

④子どもへの対応・見取りスキル

Q35 実際の授業に向かう前はどんな心構えが必要か？ 110

Q36 授業で起こる想定外な事態への対応は？ 112

Q37 授業中の修正はどのようにおこなえばよいか？ 114

Q38 授業中は子どもたちの何をみればよいか？ 116

Q39 観たことをどう授業につなげていけばよいか？ 118

Q40 授業中はどこで子どもたちを見ればよいか？ 120

Q41 成績（評定）をつける際に気をつけるべきことは？ 122

Q42 子どもたちを「評価」するときのコツは？ 124

Q43 効果的にほめるポイントは？ 126

Q44 しかるときのポイントは？ 128

⑤レベルアップスキル

Q45 体育授業が生み出すよさは？①〜同僚との関係〜 132

Q46 体育授業が生み出すよさは？②〜保護者との関係〜 134

Q47 授業力を高めるために何すればよいか？①〜自己分析〜 136

Q48 授業力を高めるために何すればよいか？②〜めざす姿〜 138

Q49 授業力を高めるために何すればよいか？③〜振り返り〜 140

Q50 授業力を高めるために何すればよいか？④〜学びの場〜 142

Chapter 1

体育教師が持つ
９つのワザ

他教科とは異なり，身体活動を中心とした体育授業
そこはいつもの教室ではなく，
定められた黒板や机，いすはありません
授業をよい方向に導くのは
そう容易いことではありません
しかし，安心してください！
わたしたちには「９つのワザ」があります
「９つのワザ」を磨き，子どもたちを
「わかる」「できる」のその先へといざないましょう

ワザ1

言葉

指示，説明，発問，
評価，励まし，
応援，盛り上げ，
タイミング，大きさ，
間，感情
……

必須！最強の意思伝達のワザ

　教師が持つべきワザにおいて，もっとも大きな力をもつ必須のワザと言ってよいでしょう。たとえ同じ言葉であっても，その大きさや間，タイミング，こめる感情……。如何様にもその役割を変化させることができます。この言葉を操るワザは，教師が「いの一番」に身につけたいワザです。

　特に体育においては，活動空間が広がるため，言葉で伝えられる機会，時間も限られています。体育授業において，場面に応じた的確な言葉で，子どもたちに意思伝達をすることができれば，他教科においても怖いものはありません！

ワザ2

動き

師範，範例，
課題提示，模倣，
アピール
……

効果抜群！視覚に訴えかけるワザ

　身体活動を主とする体育では，視覚を通じて動きを伝えることは効果抜群です。これから学ぶべき動きを師範演技することもあれば，ある部位を誇張した動きや失敗例などを提示することで課題を投げかけることもできます。

　これらができないから体育は苦手という先生。大丈夫です！　教師自身が動きをすることができなくても，映像などで見せることもできます。時には子どもの動きを通じて提示することもできます。

　さらには，この動きを「ワザ1　言葉」で補完することにより，その効果はぐんと増すことでしょう。

ワザ3

表情

喜怒哀楽, 評価,
雰囲気づくり
……

即時効果！子どもの心を動かすワザ

　にこっとした笑顔で子どもたちの頑張りやよい動き, 考え方に賛辞を贈ることができます。きりっとしたしかめっ面で修正してほしい言葉や行動に注意喚起をすることもできます。先生の楽しそうな顔は, 子どもたちの心も明るくします。

　教師の表情は, 授業の雰囲気を左右するほどの大きな力を持っています。普段, 表情に変化が大きくないと自覚している先生も, 演技するぐらいの気持ちで, 状況に応じた表情ができるように鏡の前で練習してみましょう！きっと子どもの表情も変わるはずです。

ワザ4

眼

動きの変化
(よさ，課題)，
心の変化
(関心，意欲，仲間関係)，
状況把握，危険察知
……

妙技！動き，心を見通すワザ

　止まることなく流れていく動きの出来ばえや課題を瞬時に見つける眼。目には見えない子どもたちの心の中を感じる眼。よい教師の条件ともいえるワザです。

　授業において，わたしたちは，動きや心の状況に応じて，次なる手立てを講じます。しかし，それらは闇雲に講じられるのではありません。子どもたちの動きや心の状況を把握して，見通すことができて，初めて効果的な手立てを講じることができるのです。この「眼」は，一朝一夕で身につく力ではありません。経験と修練を重ね，身につけることができるワザです。

Chapter1　体育教師が持つ9つのワザ　13

ワザ5

判断

学習のずれへの対応,
環境の変化,
子どものトラブルや
ケガへの対応,
想定外の事態への対応……

熟練！問題の最適解を見出すワザ

　授業はいきものと言われるように，すべてが予定調和とはいきません。今日の課題に対する技能面，思考面のずれ，環境の変化，子ども同士のトラブル，欠席……。こういった想定外のことが起こった場合，その時々の判断が求められます。その判断次第で，授業がよい方向にも悪い方向にも進んでいくことがあります。

　しかしながら，必ずしも最短で効率的な判断が最適解とは限りません。子どもたちと教師との間で繰り広げられる文脈によって，その問題の最適解は大きく変わることも忘れてはいけません。

ワザ6

道具選択

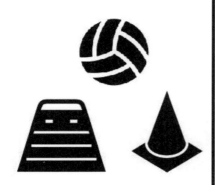

意欲の喚起,
学習内容の獲得,
恐怖心の軽減,
授業の効率化,
提示のタイミング
……

職人技！－を＋にできるワザ

　跳び箱，ボール，バトン，ストップウォッチ……。体育ではさまざまな道具を扱います。教具と呼ぶことが多いでしょうか。これらの道具は，子どもたちの関心を喚起したり，学習内容を獲得させたりするために用いられます。つまり，「やりたくないな→やってみたい」「むずかしいそうだな→なんとなくできそう，わかりそう」といった－を＋に導くためのものです。

　数ある道具のなかで何を選択するのか，子どもたちにはどのようにどのタイミングで提示するのか，どんな道具が必要なのかといった職人のような判断が必要です。

Chapter1　体育教師が持つ9つのワザ　15

ワザ7

腕（テクニック）

持っている知識
（コツ，手順，方法）の選択，
情報処理
（つまづき，性格，人間関係），
タイミング，
言葉の選択……

万能！必要な情報を操るワザ

　子どもの意欲を喚起する。できないことをできるようにする。わからないことをわかるようにする。「教え方がうまい」「授業の腕がいい」と言われる先生です。しかし，同じ方法や言い方を真似してみてもそう簡単にはうまくいきません。

　一言に腕（テクニック）といっても，ただ知識を持っているにとどまりません。その知識として持っている情報を目の前の子どもたちの情報と照らし合わせて，最善の選択をすることができてはじめて腕（テクニック）と言えます。

ワザ8　ユーモア

元気，前向き，
楽しさ，よい雰囲気，
笑顔
……

最強！子どもの心をほぐすワザ

　子どもたちは楽しい先生が大好きです。楽しい授業が大好きです。もちろん学習して，新しい力を得ることは喜びであり，楽しいことです。しかし，そこまでの道のりが歯をグッと食いしばり耐えるのみならば，誰もが辿り着けるゴールにはなりえません。

　先生がわざと失敗した姿を披露する。ダジャレでコツを紹介する。流行りのポーズで喜びを表現する……。ちょっとしたユーモアで，元気に，前向きに頑張れる子がいます。何より，全体の雰囲気がやわらかくなり，安心感に包まれた中で，授業に向かうことができます。

ワザ9

情熱

後押し，期待，
熱い思い「体育って
楽しい！」の伝播
……

不可欠！教師の願いを届けるワザ

　「なんだ，結局最後は精神論か」とお思いかもしれませんね。しかし侮ることなかれ。どんなにすばらしい言葉も動きも情熱がなければその効果は激減です。逆に言うと，情熱さえあれば，これまでの「ワザ」はなんとでもなります。
　「これができるようになってほしい！」「ここを考えてほしい！」「仲間とのこんな姿をみたい！」強く思い，願い，実現しようと考えること。その情熱はなくてはならないものです。そして，子どもたちは，先生のその情熱を感じとり，背中を押されて頑張ろうと思うのです。

Chapter 2

運動領域別でみる
おさえるべきツボ

小学校体育の運動領域は,
「体つくり運動系」「器械運動系」「陸上運動系」
「水泳運動系」「ボール運動系」「表現運動系」
からなります
まずはそれぞれの運動系における
学習内容を整理するとともに,
おさえるべきツボを確認していきましょう

体つくり運動系

低学年	中学年	高学年
体ほぐしの運動遊び	体ほぐしの運動	
多様な動きをつくる運動遊び ・体のバランスをとる運動遊び ・体を移動する運動遊び ・用具を操作する運動遊び ・力試しの運動遊び	多様な動きをつくる運動 ・体のバランスをとる運動 ・体を移動する運動 ・用具を操作する運動 ・力試しの運動 ・基本的な動きを組み合わせる運動	体の動きを高める運動 ・体の柔らかさを高めるための運動 ・巧みな動きを高めるための運動 ・力強い動きを高めるための運動 ・動きを持続する能力を高めるための運動

多くの動きを身につける領域

　体つくり運動は，「体ほぐしの運動（遊び）」及び「多様な動きをつくる運動（遊び）」「体の動きを高める運動」で構成されます。

　体を動かす楽しさや心地よさを味わい運動好きになるとともに，心と体との関係に気付いたり，仲間と交流したりすることや，さまざまな基本的な体の動きを身につけたり，体の動きを高めたりして，体力を高めるためにおこなわれる運動です。

子どもたち
の願い

> 友達と一緒になかよく，
> 楽しく運動したい！

体ほぐしの運動（遊び）
多様な動きをつくる運動（遊び）／体の動きを高める運動

・仲間との交流
・運動が好き！
・基本的な動きの獲得
・体力アップ！

ツボ！

仲間と体を動かす楽しさを味わわせる

　大人になってもマラソンをしたり，ゴルフをしたり，フィットネスジムに通ったりと運動を楽しんでいる人は多くいます。体を動かすことは楽しく心地よいことであり，健康のためによいことであると知っているからです。そういった体を動かすよさを子どもたちにも存分に実感させましょう！

　1つの動きや特定の技能に特化せずに多くの動きを学ぶのが「体つくり領域」です。指導者の創意工夫により，さまざまな楽しい運動が教材として取り入れられます。**しかし，「楽しければなんでもあり」にもなりがちです。しっかりとねらいをもっておこなうことで，**仲間とともに多くの動きを身につけ，高めていくことをめざします。

2 器械運動系

低学年	中学年	高学年
固定施設を使った運動遊び（登り下り，懸垂移行，渡り歩きなど）		
マットを使った運動遊び（いろいろな方向への転がり，体の保持など）	マット運動（回転系，巧技系の基本的な技）	マット運動（中学年＋発展技，繰り返しや組み合わせなど）
鉄棒を使った運動遊び（支持して揺れや上がり下がり，易しい回転など）	鉄棒運動（支持系の基本的な技）	鉄棒運動（中学年＋発展技，繰り返しや組み合わせなど）
跳び箱を使った運動遊び（跳び乗り・下り，またぎ乗り・下り）	跳び箱運動（切り返し系や回転系の基本的な技）	跳び箱運動（中学年＋発展技）

自己の能力に適した技や発展技に取り組む領域

　器械運動は，「回転」「支持」「懸垂」などの運動で構成され，さまざまな動きや技に挑戦して，その楽しさや喜びを味わうことのできる運動です。

　低学年では，それぞれの器械・器具の条件下で，回転，支持，逆さ，ぶら下がり，振動，手足の移動などの基本的な動きができるようになることをめざします。中高学年では，「マット」「鉄棒」「跳び箱」で内容が構成され，技を身につけたり，新しい技に挑戦したりする楽しさや喜びにふれたり，味わったりすることをめざします。

技ができるようになりたい！
演技をかっこよく決めたい！

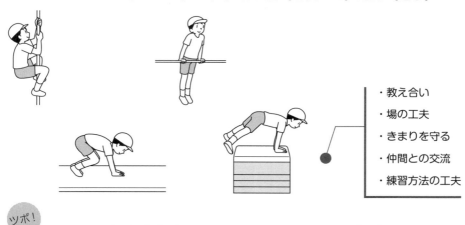

固定施設を使った運動遊び／マット（を使った）運動（遊び）
鉄棒（を使った）運動（遊び）／跳び箱（を使った）運動（遊び）

・教え合い
・場の工夫
・きまりを守る
・仲間との交流
・練習方法の工夫

ツボ！

難易度だけを求めず進め方を工夫する

　どの子も「あんな技ができるようになりたい！」というあこがれは持っています。しかし，器械運動は「できる」「できない」がはっきり出てしまう領域です。苦手な子にとっては，できないことが増えていくと，ますます器械運動が嫌いになってしまうことになりかねません。

　練習の場や方法を工夫したり，技の選択肢を増やしたりといった工夫が必要です。**ただ技の難易度のみを追い求めるのではなく技の組み合わせや美しさ，仲間との演技など学習の進め方の工夫**をおこないましょう。

　一人ひとりが，「自分のあこがれ」を持って学習に持続的に向かえるようにしましょう。

Chapter2　運動領域別でみるおさえるべきツボ　23

3 陸上運動系

低学年	中学年	高学年
走の運動遊び (30〜40m程度のかけっこ，折り返しリレー遊びなど)	かけっこ・リレー (30〜50m程度のかけっこ，周回リレー)	短距離走・リレー (40〜60m程度の短距離走，いろいろな距離でのリレー)
	小型ハードル走 (30〜40m程度の小型ハードル走)	ハードル走 (40〜50m程度のハードル走)
跳の運動遊び (ケンパー跳び遊びやゴム跳び遊びなど)	幅跳び (短い助走からの幅跳び)	走り幅跳び (リズミカルな助走からの走り幅跳び)
	高跳び (短い助走からの高跳び)	走り高跳び (リズミカルな助走からの走り高跳び)

記録への挑戦，仲間との競争を楽しむ領域

　陸上運動は，「走る」「跳ぶ」などの運動で構成され，自己に適した課題や記録に挑戦したり，競争したりするその楽しさや喜びを味わうことのできる運動です。

　「短距離走（かけっこ）・リレー」「(小型) ハードル」「(走り) 幅跳び，高跳び」で内容が構成されています。走ったり跳んだりする動きの楽しさを基本に置きながら，発達段階に応じて，意欲的に運動に取り組むことができるような学習をめざします。

記録をのばしたい！
競争に勝ちたい！

走の運動遊び／短距離走（かけっこ）・リレー／（小型）ハードル走／
跳の運動遊び／（走り）幅跳び／（走り）高跳び

・コツの工夫
・勝負
・全力
・協力
・合理的な動きの追求

ツボ！
勝つチャンスを与え意欲的に学ばせる

「もっと速く走りたい！」「もっと遠くに跳びたい！」「競争に勝ちたい！」だれしもが持っている願いです。

自己の能力に応じた課題を持った子どもたちが，練習の場や方法を工夫したり，適切な運動のおこない方を追求したりすることで，それぞれが「自分の」記録を高めることができるような設定が必要です。また，1対1の記録では勝つことができなくても，設定やメンバーなどの工夫により，どの子にも勝つチャンスが与えられるような工夫も大切です。

「**ただ**」走っている，跳んでいる授業ではなく，一人ひとりが願いを持って，意欲的に学習に向かえるようにしましょう。

4 水泳運動系

低学年	中学年	高学年
水の中を移動する運動遊び (水かけっこ・まねっこ遊び，電車ごっこ，鬼遊びなど)	浮いて進む運動 (け伸び，初歩的な泳ぎ)	クロール (25〜50m程度を目安にしたクロール，ゆったりとしたクロール)
もぐる・浮く運動遊び (水中じゃんけん，くらげ浮き，ボビングなど)	もぐる・浮く運動 (股くぐり，背浮き，簡単な浮き沈みなど)	平泳ぎ (25〜50m程度を目安にした平泳ぎ，ゆったりとした平泳ぎ)
		安全確保につながる運動 (10〜20秒程度を目安にした背浮き，3〜5回程度を目安にした浮き沈み)

特殊な環境での心地よさや挑戦を楽しむ領域

　水泳運動は，水の中といういつもと違う環境のなかで「浮く」「呼吸する」「進む」などの課題に取り組み，水に親しむ楽しさや喜びを味わうことのできる運動です。

　「移動する」「もぐる・浮く」「クロール」「平泳ぎ」などで内容が構成されています。水に対する不安感を取り除き，水の中での運動遊びや泳ぐことの楽しさや心地よさを味わうことができるようにするとともに，呼吸の仕方を身につけるなど安全確保にもつながる学習をめざします。

子どもたち
の願い

> 遠くまで泳ぎたい！
> 速く泳ぎたい！

水の中を移動する運動遊び／浮いて進む運動／もぐる・浮く運動（遊び）
クロール／平泳ぎ／安全確保につながる運動

・心地よさの体感
・不安感をなくす
・コツの交流
・課題達成の喜び
・安定した呼吸の獲得

ツボ！
個別の目標を持ちながら仲間と関わらせる

　経験の差が大きい水泳の学習は，各運動の中でも子どもたちの力の差が大きく表れてしまう領域です。距離やタイムによる一律のゴールをめざすのではなく，一人ひとりの力に応じた目標を持ち，解決方法を工夫しながら，仲間と協力して学習を進めていくことが大切です。

　とはいえ，「長く速く泳げるようになりたい！」という思いはみんな持っているはずです。楽しみながら，この願いを叶えられるように授業を組んでいきましょう。水泳授業における楽しませ方はさまざまな工夫が可能です。いつもの体育とは違う水の中という環境を大いに楽しみ，一人ひとりが願いを持って持続的に学習に向かえるようにしましょう。

5 ボール運動系

低学年	中学年	高学年
ボールゲーム （簡単なボール操作と攻守の動きによる易しいゲーム）	ゴール型ゲーム （基本的なボール操作とボールを持たない動きによる易しいゲーム）	ゴール型 （基本的なボール操作とボールを持たない動きによる簡易化されたゲーム）
鬼遊び （一定の区域で逃げる，追う，陣取りなど）	ネット型ゲーム （基本的なボール操作とボールを操作できる位置に体を移動する動きによる易しいゲーム）	ネット型 （個人やチームによる攻撃と守備によって，簡易化されたゲーム）
	ベースボール型ゲーム （ボール操作と得点を捕ったり防いだりする動きによる易しいゲーム）	ベースボール型 （ボールを打つ攻撃と隊形をとった守備によって簡易化されたゲーム）

仲間と共に競い合うことを楽しむ領域

　ゲーム・ボール運動は，主にボールを用いて，仲間と力を合わせて競争する楽しさや喜びを味わうことのできる運動です。

　「ボールゲーム」「鬼遊び」「ゴール型（ゲーム）」「ネット型（ゲーム）」「ベースボール型（ゲーム）」で内容が構成されています。主として集団対集団でおこなわれ，ルールや作戦を工夫しながら，攻めたり守ったりしながら得点を競います。基本的なボール操作とボールを持たない動きを身につけ，ゲームで発揮できるようにすることをめざします。

> 得点したい！
> ゲームに勝ちたい！

ボールゲーム／鬼遊び
ゴール型（ゲーム）／ネット型（ゲーム）／ベースボール型（ゲーム）

・競い合う楽しさ
・仲間との協力
・作戦の立案
・ボール操作
・ルールやマナーの順守

ツボ！
ルールや場を工夫して得点の経験をつくる

　「シュートを決める」「トライを決める」「ホームランを打つ」……。得点することは子どもたちの願いです。もちろん守備で貢献したり，パス回しを頑張ったりして，チームの勝利につなげることも喜びです。しかし，**それは自分で得点した経験があって初めて生まれるもの**ではないでしょうか。まずは，どの子にも得点のチャンスがあるゲームにしたいものです。

　そのために，型に応じた子どもたちの願いを基に，子どもたちの実態に合わせた場やルールなどを設定したゲームを準備する必要があります。また，そのゲームに必要な技能や動きを身につける必要もあります。すべての子どもが，願いに向かって頑張れる授業にしましょう。

6 表現運動系

低学年	中学年	高学年
表現遊び (身近な題材の特徴を捉え，全身で踊る)	表現 (身近な生活などの題材から特徴を捉え，ひと流れの動きで踊る)	表現 (いろいろな題材から特徴を捉え，簡単なまとまりの動きにして踊る)
リズム遊び (ロックやサンバなどの軽快なリズムで踊る)	リズムダンス (軽快なテンポやビートの強いロックや陽気で小刻みなビートのサンバのリズムなどで踊る)	(リズムダンス) ※加えて指導可
		フォークダンス (日本の民謡や外国の踊りの特徴を捉え，簡単なステップや動きで踊る)

心身を解き放ち仲間と共に踊る領域

　表現運動は，心と体を開放して，イメージやリズムの世界に没入して，仲間と共に踊る楽しさや喜びを味わうことのできる運動です。

　身近な動物や乗り物，生活などの題材から表したい思いやイメージを即興的に表現する「表現（遊び）」。軽快なリズム，ロックやサンバなど一定のリズムに合わせて踊る「リズム（遊び）ダンス」。日本の地域や世界の国々で親しまれてきた踊りをみんなで踊る「フォークダンス」で内容が構成されています。

> かっこよく踊りたい！
> イメージ通り表現したい！

表現（遊び）／リズム（遊び）ダンス／フォークダンス

- イメージや思いの表現
- 心身の解放
- 仲間との交流
- 世界観への没入
- 地域や世界の文化にふれる

ツボ！
イメージを大切にして「あこがれ」を引き出す

　ヒップホップダンス，ブレイクダンスなどリズムに乗ってダンスする姿は，子どもたちから見てもかっこよく，あこがれの姿です。また，イメージしたことを全身で表現する姿は幻想的で美しく感じることでしょう。

　自由に動きを工夫することのできる創造的な学習である一方，苦手意識や羞恥心なども出てしまいやすい領域です。どの子も「かっこよく踊りたい！」「うまく表現したい！」など願いを持っています。子どもたちの抱くあこがれをうまく引き出し，意欲的に学習に取り組めるようにしたいものです。他領域と比較しても，**子どもたちの心情面に思いを馳せる必要がある領域**です。

Chapter 3

図解でわかる 体育授業の 必須スキル50

週2，3時間の限られた時間で
全員を同じレベルの「わかる」「できる」まで
導くのは不可能です
しかし，同じレベルの喜びや楽しさを感じさせることは可能です
その喜びや楽しさがこの先のスポーツライフにつながります
刻一刻と変化する授業では，
教師がその状況に応じておこなうマネジメントが不可欠です
体育授業における教師の必須スキルについて
みていきましょう

① 体育マネジメント スキル

体育はそもそもどんな教科なのでしょう？
子どもたちにどんな力をつける教科なのでしょうか？
そのためにわたしたちはどんなスキルを
身につけておかなくてはならないのでしょうか？
まずは，わたしたちが身につけるべき
体育マネジメントスキルの基本について
考えてみましょう。

Q1 そもそも体育の授業は なにをめざしているのか？

1 授業モデル図

　この図は，めざす授業モデル図です。縦軸は授業の学習課題段階，横軸は子どもの体育的な力の段階を表わしています。どの段階の子どもも右上に伸びていくことをめざします。力の段階が低い子には，学習課題が高いと学習が不安になります。逆に学習課題が低いと力の段階が高い子には退屈なものになってしまいます。

2 「わかる・できる」のその先へ

　実際の学級にはいろいろな段階の子どもがいます。もし全員に一律の学習課題段階（「わかる・できる」）を求めたらどうなるでしょう。きっとどんどんできるようになる子はとても楽しい時間になることでしょう。しかし，うまくいかないことが続く子にはとても苦痛な時間になってしまいます。体育嫌い，いや運動嫌いを生み出す原因にもなりかねません。

　すべての子どもたちが，不安にも退屈にもならず，自分の力に合った課題に向かって学習できる授業を創造したいものです。そのためには，**一律の「わかる・できる」ことのみに固執していたのでは，そんな授業にはたどりつけません。**

　それぞれの子どもたちが，自分の力に応じた「わかる・できる」を積み重ね，「運動の価値への気づき」や「態度化・日常化」といった，**「わかる・できる」の先にある誰もが辿り着くことのできる目標を追い求めていくことが大切**です。体育を通じて，「運動って楽しいな！」「もっとやってみたいな！」「運動は大切だな」……そう感じさせるようにするのです。

A1 授業を通して,「運動って楽しいな！」「もっとやってみたいな！」「運動は大切だな」と子どもたちが感じられるようにすることです

めざす授業モデル

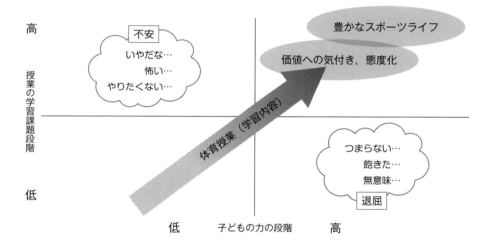

> POINT
>
> ### みんなを導く9つのワザ！
>
> 一律の「わかる・できる」のみに固執しない！ 一人ひとりの子どもが運動の楽しさに触れられる授業をめざしましょう！

Chapter3 図解でわかる体育授業の必須スキル50

Q2 「わかる・できる」のその先へ たどりつく授業とは?

1 一人ひとり異なる子どもたち

　実際に授業をおこなっていると，全員が同じ時間で，同じゴールライン（わかった・できた）に辿り着くことは困難なことがわかります。にもかかわらず，「この時間中に全員をできるようにしなくては！」「全員に動きを理解させなくては！」という**過度のプレッシャーを感じて授業をつまらないものにしてはいませんか？**　スタート地点も歩む速度もちがう子どもたちです。同じ方法で，同じところまで辿り着くことはできません。

2 同じゴールではなく同じ方向に

　では，実際の授業ではどうすればいいのでしょう。**同じゴールではなく，方向を意識してみましょう**（Q1の図を参照）。教師は，授業のベクトルを見出し，子どもたちの願いをベクトルにのせ，それぞれのスピードでベクトル上を推進させるのです。その原動力となるのは，運動への楽しさや喜び，時には悔しさや悩みといった心の動きです。

　しかし，すべての子どもたちが勝手にベクトル上にのるわけではありません。自動的にベクトル上を進んでいくわけではありません。「する，みる，支える，知る」，多様なアプローチを試みて，子どもたちの興味関心やチャレンジ意欲を引き出す教師の力＝マネジメントスキルが必要となります。

　小学校の体育授業は，「豊かなスポーツライフ」への入門期。ただ「わかった」，ただ「できた」のみにとどまっていては，すべての子どもをゴールどころか入口へと導くこともできません。「わかる・できる」の先にある運動の価値や喜びをめざして授業を創造していきましょう！

A2 一律の「わかった」「できた」をゴールとするのではなく，同じベクトル上を進み，高め合っていく授業です

わかる・できるのその先へ

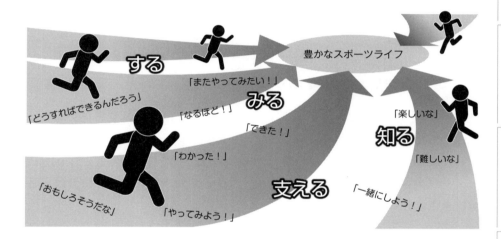

> POINT
>
> ### ベクトルを見出す「眼」ベクトルに乗せる「腕」
>
> 一人ひとりスタートラインも歩むスピードも違う子どもたち。多様なアプローチを試み，同じゴールではなく，同じ方向にむかって頑張っていける授業にしていきましょう！

Q3 体育授業における マネジメントスキルとは？

1 マネジメントスキル

マネジメントとは，直訳すると「経営，管理，運営，調整」などの意味を持ちます。スキルとは技術的な能力です。つまり**マネジメントスキルとは，目的を持った対象を管理，調整するための技能**ということになります。

2 体育授業におけるマネジメントスキル

先にも述べたように，体育の授業における目的は，楽しさや喜びを味わった子どもたちが，これからもスポーツに親しんでいこうとする態度や気持ちを育てていくことです。我々教師は，その目的に向かって，子どもたちをとりまく環境を管理，調整していきます。**「ひと」「もの」「こと」に分けるとすべきことが整理できます。**

「ひと」…… 子どもたちのことです。個の状態のみではなく，個々のつながりや関係までを含みます。

「もの」…… 教具のことです。直接運動にかかわる「もの」にとどまらず，補助的な道具や固定具，コートなども含みます。

「こと」…… 学習内容のことです。子どもたちが挑戦していく内容が適切であるか，適当であるかを考えます。

いずれかということではなく，三者をバランスよく保つことが必要です。普段の教室と違い，空間や活動範囲が広いことや自由に動く時間が長いことなど体育ならではの悩みもあります。授業の目的にたどりつくために，体育教師が持つ９つのワザ（Chapter1参照）とともに，体育授業のマネジメントスキルを身につけることは必須条件なのです。

A3 授業の目的を達するために「ひと」「もの」「こと」を管理，調整するスキルです

マネジメントスキルとは

> POINT
>
> ### 適切な「判断」バランスを保つ「腕」
>
> 空間や活動範囲の広い体育授業，体育ならではのマネジメントスキルが必要です！

Q4 体育授業において「いの一番」に考えることは？

1 子どもたちの不安要素

　「ケガするかもしれない」「失敗して笑われるかもしれない」そんな危険な状況や不安な気持ちでは，誰しも全力で目標に向かうことなんてできません。これは何も体育に限ったことではありません。

　自分が安全な状況にあることを認識して，気持ちの不安が取り除かれて初めて安心して学習に向かうことができます。授業を構想するにあたって，**「安全」「安心」は「いの一番」に考えねばなりません。**

2 不安を取り除く「ひと」「もの」「こと」

　授業前に，次のことが考えられているかチェックしてみましょう。

「ひと」……　子どもたちの心身の状態，配慮が必要な子を把握できているか。互いに尊重し合い助け合える人間関係（グルーピング）ができているか。

「もの」……　教具や場で怪我が起こらないように配慮できているか。運動に挑戦していく上で，子どもたちの恐怖心を取り除く工夫ができているか。

「こと」……　運動内容が子どもたちの現状の力とかけ離れていないか。一部の子だけが活躍できる設定になっていないか。

　安心なくして，子どもたちは最高のパフォーマンスを発揮することなんてできません。まずは，不安要素をしっかり把握しましょう。そして，それらを取り除くマネジメントスキルを駆使して，子どもたちの安全・安心を保障していきましょう。

A4 危険，不安を取り除き，子どもたちに「安全」「安心」を保障することです

安全の上に成り立つ安心

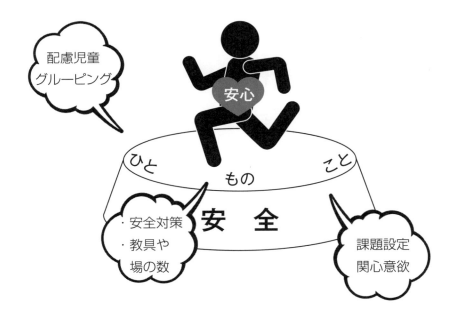

> POINT
>
> ### 安心を与える「言葉」安全をつくる「判断」
>
> 安全安心の上にすべての授業が成り立ちます。「ひと」「もの」「こと」に分けて，不安要素を取り除き万全の準備をおこないましょう！

Q5　マネジメントスキルを効果的に発揮するために必要なことは？

1　授業「前」「中」「後」

　マネジメントスキルを発揮するのは，授業をおこなっている授業「中」だけではありません。**授業の「前」「後」においてもすべきことがあります。**以下のように整理してみましょう。

	ひと	もの	こと
前	学習履歴，人間関係，配慮児童の把握，動線グルーピング	必要なものの選定，数の準備，安全確認	学習内容の設定，目標の設定，指導言
中	動き，思考の把握人間関係への配慮	安全面の配慮，トラブル対応	学習内容適合性，到達度やずれの把握
後	学習成果の把握，けがの有無	教具のチェック	学習内容のずれの修正

2　つながり

　当然ながら，1つの授業が終わると，次の授業がやってきます。この授業サイクルを意識しましょう。これらの1時間1時間がぶつ切れとなってしまえば，その学習効果も半減します。授業の「中」の様子や「後」の振り返りなどで，子どもたちの現状を把握する力と次に向けてそれらを修正する力が求められます。

　授業のずれを把握，分析，修正していくことが，「いま」の授業と「みらい」の授業をつないでいくことになります。特に学習目標と現実のずれをしっかりみとる「眼」をわたしたちは持たなくてはなりません。

A5 授業「前」「中」「後」ですべきことを整理し，「いま」と「みらい」の授業をつないでいく準備を怠らないことです

授業のサイクル

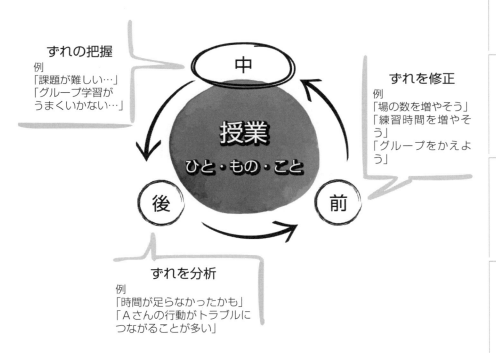

ずれの把握
例
「課題が難しい…」
「グループ学習がうまくいかない…」

ずれを修正
例
「場の数を増やそう」
「練習時間を増やそう」
「グループをかえよう」

ずれを分析
例
「時間が足らなかったかも」
「Aさんの行動がトラブルにつながることが多い」

> POINT
>
> ### ずれをみとる「眼」修正する「判断」
>
> 授業「中」での動き，「後」の振り返りなどでずれを把握，分析して，次の授業にいかに修正してつないでいくか，腕の見せ所です！

Q6 体育授業において 教師に必要な素地は？

1 求められる教師

　中央審議会は，教員に求められる資質能力として「教職に対する強い情熱」「教育の専門家としての確かな力量」「総合的な人間力」が重要であることを示しています（2005年）。また，最近では「令和の日本型学校教育」において実現すべき教師の理想的な姿や資質能力の構造化の試案（2021年）が示されています。一方，経済産業省が社会で生きていくための基礎力として，「前に踏み出す力」「考え抜く力」「チームで働く力」（2006年）といったことを挙げています。「情熱」「専門性（知識，思考力，判断力）」「協働性」など，多くの共通点を見つけることができます。

2 体育教師基礎力

　体育授業をおこなう教師にとっても，上記の求められる姿は，例外ではありません。教師においても，社会で協働して生きていくために重要な指標です。しかし，それらにプラスして「体育教師」に限って言えば，そのベースに，**運動学習における子どもたちの変化に喜びを感じられることが必須**だと考えています。わたしも子どもたちの姿を思い浮かべて，授業準備しながらにやにやしてしまうぐらいです。

　子どもたちが，仲間と共に考えたり悩んだりしながら夢中に運動に取り組む姿を思い浮かべ，授業準備をおこなうこと，そして授業に臨めること。それらを楽しめること。これこそが体育教師としての最も大きな素地ではないでしょうか。

参考文献　中央教育審議会（2005）「新しい時代の義務教育を創造する」
文部科学省（2021）「教師に求められる資質能力の再整理」
経済産業省（2006）「社会人基礎力」

A6 最も大切な素地は，子どもの楽しむ姿，成長する姿に喜びを感じられることです

教師に求められる資質能力

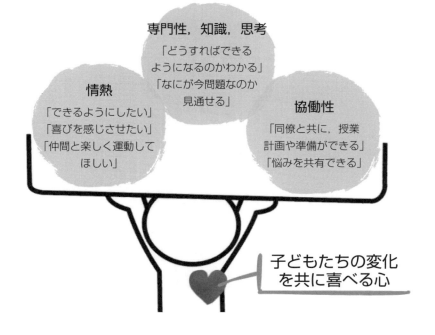

> POINT
>
> ### 子どもたちの成長を共に喜べる「情熱」
>
> 子どもたちが仲間と共に考えたり悩んだりしながら，夢中に運動に取り組む姿を思い浮かべること，教師としての一番の楽しみです！

② 授業準備スキル

さぁ，授業の準備を始めましょう。
ここから授業成功に向けての勝負は始まっています。
単元をどう構成するの？
45分をより有効に使うには？
どんな運動を提示すればいいの？
授業を構想するにあたって，欠かせない授業準備スキルに
ついて考えてみましょう。

Q7 単元を構想する際にまず 何からスタートすればよいか?

1 子どもの願い

　単元を思い描く際，まず運動に対する子どもたちの「願い」を捉えることからスタートしてみましょう。願いがかなうことは誰しも大きな喜びであり，楽しさです。次へのモチベーションにもつながります。では，子どもたちの「願い」はどうやって把握すればよいのでしょう。その1つの方法として，**「子どもたちがこの運動（教具，場など）に出会ったときに最初に何をするのか。何を思うのか」**と想像してみてください。例えば，跳び箱に出会ったら「高い段を跳びたい！」。ネットとボールがあったら「アタック打ちたい」「ゲームに勝ちたい」といったことです。

2 教師の願い

　もちろん子どもの願いをかなえてあげたい。しかし教師にも願いがあります。跳び箱だと「高い段を跳ぶよりも，美しく跳んでほしい」，ネット型だと「勝ち負けよりも，仲間と連携して攻防してほしい」とも教師は願うでしょう。ここに「ずれ」が生じます。この両者の「ずれ」を修正し，より重なりが増えるようにしていくことが単元構想の肝です。

　例えば，跳び箱で「美しさを採点し合う競技会にする，後輩に説明動画をつくる」，ネット型で「アタックの技術の簡易化やラリーの回数がポイントになるなどのルールの採用」といったように，私たちは意図を持って設定やルール，場などを工夫します。**子どもと教師の願いの合致をはかる**ことで，受け身の授業を脱し，ただ「わかった」「できた」にとどまらない授業につなげていきます。

A7 子どもたちの「願い」を把握して，教師の「願い」との「ずれ」を認識することからスタートしましょう

願いの合致した単元構想

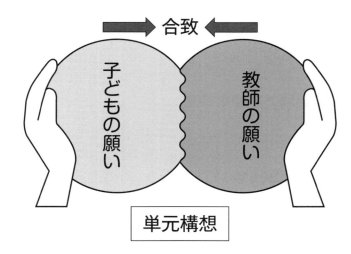

POINT

ずれをみとる「眼」合致させる「判断」

まずは子どもと教師の願いの重なりの部分を活かすことで，子どもたちが意欲的に取り組める単元構想をおこないましょう！

Q8 単元を構成していくときに 注意すべきことは？

1 単元とは

　単元とは，学習活動の一連の「まとまり」という意味です。限られた時間のなかで，教師の意図やねらい，願いをどのように子どもたちに伝えていくのか，どう時間配分をするのかなどを示したものが単元計画です。この単元計画を基に１時間１時間の授業を計画的に進めていきます。

2 子どもの時間＞教師の時間

　授業では，子どもたちが活動している場面（運動していたり，考えたりしている場面）と教師が指導している場面（学習内容を指導している学習指導場面，準備や手順の説明をしているマネジメント場面）があります。前者は「子どもの時間」です。後者は「教師の時間」です。体育に限らず，授業では「子どもの時間」を増やしたいものです。

　しかし，実際の授業では，並び方や準備の方法の説明，ルール解説など，単元の前半はどうしても「教師の時間」が増えてしまいます。準備物や注意事項の多い体育の授業ではなおさらです。そうなると「子どもの時間」は当然減ってしまうことになります。全体を見通して，**学習が進むに連れて「子どもの時間」が増えていくようにイメージしましょう。**

　そのためには，「準備の方法，手順を掲示しておく」「この時間に○○の方法を指導する」「もう一度ここで安全面をおさえる」など，単元計画には記載しきれない隠れた指導計画を持っておく必要があります。

　「学習を子どもたちの手に」と頭においておくだけで，単元計画のつくりはきっと変わっていくことでしょう。

参考文献　垣内幸太・栫井大輔（2017）
『学級力が一気に高まる！絶対成功の体育授業マネジメント』明治図書

A8 徐々に「教師の時間」より「子どもの時間」が多くなっていくことをめざして単元計画を立てることです

授業における時間配分の推移

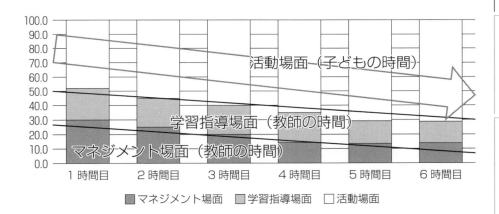

POINT

的確に伝える「言葉」子どもに任せる「判断」

単元計画には記載されない隠れた指導計画を準備しておき，単元前半にしっかり伝えていきます。状況もみながら，計画的に「教師の時間」を減らしていきましょう！

Q9 単元計画における 基本的な型はあるのか？

1 単元の型

　単元計画は，ゴールイメージの設定（単元目標），時間配分，評価基準，教材配列，学習課題などを考慮して，子どもたちがいかに学習目標にたどりつけるようにするかを示します。短い単元だと3時間，長いと12時間ぐらいにもなります。しかし，それらを一から組み立てるとなると大変な作業です。いくつかの型を基に，組み立てていきましょう。

2 主な単元の型

　同じ学年の同じ運動系の学習であっても，その単元計画は一通りではありません。いくつかの型を紹介します。

①ユニット型

　単元をいくつかのユニットに区切ります。ユニットごとに新しい技に取り組んだり，ゲームのルールを変更したりします。

②スパイラル型

　1時間の中でねらいを分けて学習に取り組みます。時間とともに発展したねらいに取り組む時間が増えていきます。

③フリー型

　単元を区切らず，大きなまとまりとして学習を進めます。課題設定の段階で，先の見通しが持てるようにしておくことが重要です。

　どんな型を用いて，どんな単元計画を立てるのかは，子どもたちのことを一番よく知っている先生次第です。いろいろ挑戦してみて自分の得意な型を持つのもいいですね。

　　　　　　参考文献　垣内幸太ほか（2019）『3年目教師　勝負の体育授業づくり』明治図書

A9 主には「ユニット型」「スパイラル型」「フリー型」などの型があります

主な単元の型

①ユニット型（例：ゴール型ゲーム）

ユニット1	ユニット2
ゲーム① 3 VS 2のゲーム	ゲーム② 3 VS 3のゲーム

②スパイラル型（例：跳び箱）

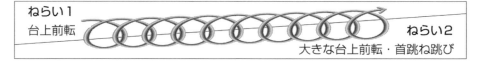

ねらい1 台上前転
ねらい2 大きな台上前転・首跳ね跳び

③フリー型（例：表現運動）

| 課題設定
「海の様子を表現しよう」 | 課題解決 | 成果交流会
「発表会を開こう」 |

POINT

計画を立てる「判断」計画を進める「腕」

領域によって相性のよい型はありますが，必ずしも唯一の答えとは限りません。自分の得意な型を見つけていくのもいいですね！

Q10 授業の目標を考えるときに大切なことは？

1 大きな目標

　「単元目標」，我々がよく使う言葉ですね。目標とはある目的を達成するためのステップです。ここではこの目的を「大きな目標」とよびます。単元レベルで考えてみましょう。単元を通してつけたい力（3観点）が単元目標，つまり「大きな目標」です。そして1時間1時間の目標は，大きな目標を達成するためのステップとなります。「小さな目標」と言ってもよいでしょう。そのステップを1つずつ登っていき，**小さな目標を1つずつクリアしていくことにより，次のより大きな目標へとつながっていきます。**

2 「ねらい」と「めあて」

　その各ステップにおける（小さな）目標となるめざすべき姿が「本時のねらい」です。教師は事前にこの「ねらい」の姿を想定します。この「ねらい」を子どもたちから捉えたものが「めあて」となります。「ねらい」も「めあて」も同じステップにある目標ということができますね。

　授業の際，この「ねらい」と「めあて」の違いを意識することで，教師の独りよがりの授業や子どもたちがただ体を動かしているだけの授業に陥ることはぐっと減ります。

　まずは子どもがどう受け取るかを感じながら「ねらい」をしっかり想定しましょう。先に述べた「願い」とも通じます。そのうえで，わたしたちは，**教師の「ねらい」が子どもたちの「めあて」になるように，手立てを講じなければなりません。**その手立てを考えることが事前の最も大きな仕事といってもよいほどです。それらのスキルについては後述していきます。

A10 大きな目標を達成するために,「ねらい」と「めあて」が一致した小さな目標を設定しておくことが大切です

「ねらい」と「めあて」の一致

> POINT

子どもを知る「情熱」ねらいをつくる「判断」

「願い」同様,子どもたちが考えるであろう「めあて」を想定した上で,教師の「ねらい」と合致させるための手立てを講じることで教師からの一方通行の授業から脱却しましょう!

Q11　1時間の授業計画を立てる際に必要なことは？

1　45分後の姿をイメージ

　まず子どもたちのいまの姿を出発に，45分後のゴールの姿をイメージしてみましょう。その姿に誰もが簡単にたどりつけるのならば，子どもたちにとって1時間の学習は退屈なものになってしまいます。だから**わたしたちは，少し頑張った先で手に入れられる姿をイメージする**はずです。さらに，その過程をイメージすると，「ここは考えや活動が停滞しそうだな」「ここはこうしたらもっと学びの勢いが増しそうだな」「これはもっとおもしろくできそうだな」といった課題も浮かび上がってくることでしょう。

2　手立ての矢

　課題が見えてくると，わたしたちは，それらを解決するために何らかの「手立て」を講じます。「手立て」とは目的を達成するための方法や手段です。ここでは「手立ての矢」と呼びます。
・ゴール型で動きを理解するためにミニゲームを設定する。
・表現運動で動きを増やすためにペアチームを設定する。
・グループで考える時間を確保する。
・仲間の動きを動画で共有する。
・少しレベルの高い課題を追加する。　　など
　授業において起こりうる課題を，場面に分けて整理していくことで，「手立て」を考えやすくなります。
　いつ，どんな場面を想定して，どんな手立てを講じるのか。経験と子ども理解の力がものをいうスキルです。

A11 　1時間後の子どもたちの姿をイメージして，そのための「手立て」を選択できるスキルを身につけておくことです

学習を促進させる手立ての矢

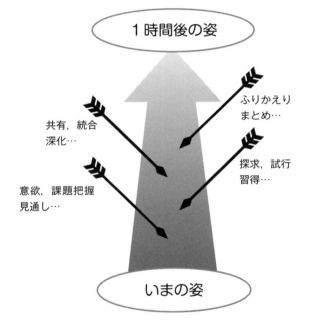

手立ての矢（例）

・三間（空間・時間・仲間）の調整
・魅力的な課題提示
・思考の手助け（ICT，ヒントカードなど）
・既習事項の活用
・個別支援
・発展課題の提示
・評価の声掛け
　　　　　　　　　など

POINT

手立てを知る「眼」手立てを講じる「腕」

あらかじめ授業において起こりうる課題を場面に分けて想定して，「手立て」を準備しておきましょう！

Q12 本時の目標はどのように立てればよいか？

1　めあて

　授業のスタート。「では，今日の目標を言うよ。みんなで声を出して読んでみよう」と，先生が提示した目標をみんなで確認する場面を見かけます。決してこれがいけないというわけではありません。

　「めあて」は子どもの立場から捉えた目標です。また，一律の「めあて」では全員が辿りつくことはできません（Ｑ２参照）。**子どもたちの内から湧き出てくる「めあて」が目標となっていることが理想です。**

2　委ねる比重を広げる

　しかし，教師の願い（ねらい）と一致した「めあて」を子どもたち自身で設定することは簡単なことではありません。子どもたち自身が問いや疑問を持てるようにするために，

・全体の目標はみんながめざせるものにする（数値目標にしない）。
・最初に前時の振り返りの想起，紹介をする。
・ヒントとなる動き，作戦などを提示する。
・うまくいかなかった動きや間違い例を提示する。……
といった手立てを講じて，子どもたち自身が考える場面を設けていきます。

　徐々に子どもたちに委ねる比重を広げていくことで，「めあて」を立てる力を育んでいきます。教師が提示する「めあて」と違い，画一的な文言にはなりません。また，一人ひとりの差も出てくることでしょう。**大きく捉えて同じベクトルに乗っていればよし**として，焦らずに，子どもたち主体の授業をめざしましょう！

A12 子どもたち自身で，本時の目標である「めあて」を立てられるようにしましょう

目標設定の主体の比重

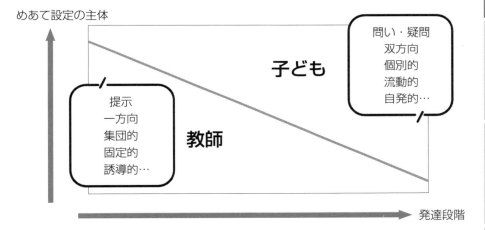

POINT

厳選された「言葉」心を動かす「表情」

めざすは，同じ目標を持たせることでなく，同じベクトルで学習に向かえるようにすること。教師からの指示や提示する場面を減らすことで，子どもたち自身の問いや疑問からスタートできる授業にしていきましょう！

Q13 授業の1時間の流れをスムーズにするためにはどうすればよいか？

1 決まった流れ

　広い空間でおこなわれる体育では，「集合して話」「離散して運動」を繰り返すことで進んでいくことがほとんどです。授業の流れは次ページの図のようになり，どの領域でもおおよそは同じような流れで進んでいきます。

　毎回，流れが変わると，そのたびに説明することが必要になり，学習の時間が短くなるばかりでなく，不安や気のゆるみからケガなどにもつながりかねません。**決まった流れは，子どもたちに安心感をもたらすとともに，運動や考える時間を増やすことにつながります。**

2 隠れマネジメントをつくる

　図の色の濃い部分は，子どもたちが直接運動していない時間です。集合して話をしたり，移動したりしている時間です。いくら決まった流れであっても，ここが長くなってしまうと，授業の流れは悪くなります。

　「先生の説明が長い」「だらだら移動している」「どこでなにをすればいいのかわからない」など，実際の授業でもみかけることがあります。しかし，「話を聞くときの態度は……」「移動するときは……」「手順をもう一度説明するよ……」などと何度も説明や指導する時間をとっていると，運動の時間が減るうえに，授業の流れもとても悪くなります。

　学年のはじめや新しい単元のはじめの時間のうちに，しっかり子どもたちに指導しておくことで，毎回の動きになるようにします。次の時間からこれらのことは，**同じことを言わなくても「隠れたマネジメント」としていきてきます。**

A13 ある程度一貫した流れをつくり，マネジメントを簡素化し，流れのよい授業にしましょう

マネジメント

授業準備

授業実践

子ども対応・見取り

レベルアップ

体育授業のおおよその流れ

隠れマネジメント例

0分

| 集合・整列・挨拶 |
| **準備運動** |
| 移動 |
| **めあて，課題の確認** |
| 移動・準備 |
| **主運動①** |
| 移動 |
| **気づきの交流，新たな課題** |
| 移動 |
| **主運動②** |
| 片づけ・移動 |
| **まとめ** |

45分

定位置に集合，整列

素早い集合，聞く姿勢

教具などの準備

話し合いの方法

補助や声掛け

片付けの分担

POINT

隠れマネジメントをつくる「言葉」「動き」

学年はじめ，単元はじめにしっかり指導することで，「隠れマネジメント」をつくり，次回以降，本来取るべき「子どもの時間」を確保できるようにしましょう！

Chapter3 図解でわかる体育授業の必須スキル50 63

Q14 体育授業における教材とは何を指しているのか？

1 教材＝運動そのもの？

　教材とは，学習の目標にたどりつくためのツールです。そう考えるとQ11で述べた「手立ての矢」の1つとも言えます。体育の授業で考えると，ハードル走や跳び箱といった中核をなす運動が教材としてまずイメージされるのではないでしょうか。しかし，広く考えてみると，その運動に付随する多岐に渡る事柄も学習目標にたどりつくために必要なものです。となるとこれらも教材としてあげることができます。

2 教材の捉え方

　教材を以下の4つに分けて整理してみましょう。
①技能・思考補助ツール（教具，道具，下位教材……）
②表現ツール（ホワイトボード，電子黒板，グルーピング……）
③伝達ツール（動画，写真，副読本……）
④評価ツール（ワークシート，ノート，テスト……）

　どれも目標を達するために必要なツールです。単元構成の中核をなす運動そのものに加え，付随するこれら4つのツールを加えたパッケージを教材とここでは呼びます。

　繰り返しになりますが，忘れてならないのは，**教材はあくまで目標達成のためのツールである**ということです。教材をこなすこと，中核をなす運動をただできるようにすること，わかるようにすることのみに陥らぬように，わたしたちは，常に教材の先にあるゴール（授業後の姿）を意識しておきましょう。

A14 運動そのもののみならず，授業の目標を達成するためのツールすべてが教材です

教材を構成するもの

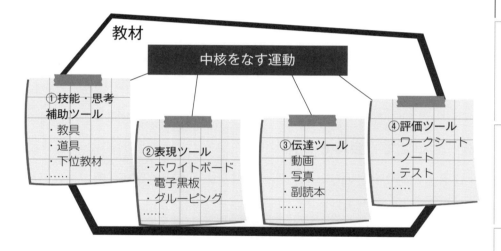

> POINT
>
> ### ツールを使いこなす「判断」「腕」
>
> 中核をなす運動のみならず，技能・思考補助ツール，表現ツール，伝達ツール，評価ツールも大いに活用してゴールをめざしましょう。

Q15 子どもたちと運動の出会いにおいて大切なことは？

1 「合わせる」

　既存のスポーツやそこで用いられる用具。ここでは素材と呼びます。そのまま使って，すべての子どもたちの十分な学習成果を保障できれば，何も言うことはありません。しかし，往々にして，子どもたちの実態とかけ離れてしまったり，ねらいが散漫となったり，すべての子への学習保障ができなかったりと学習が極めて非効率になってしまいます。そこで，**子どもたちの実情や願いに「合わせる」ことが求められます。**

2 合わせて「会わせる」

　子どもたちに「合わせる」ために，既存の運動や道具を「簡易化」，「誇張」，「制限」してみましょう。
例
○簡易化……ワンバウンドやキャッチOKにしたネット型ゲーム，柔らかい
　　　　　　ハードルでのハードル走，場面に特化したゲームや練習を設定
○誇張　……バトンパスに特化した直線リレー，ボール運び局面をなくした
　　　　　　シュートゲーム，よく跳ねる（跳ねない）ボールの使用
○制限　……ドリブル禁止ゴール型ゲーム，段数制限した跳び箱
　　ゴール型ゲームの「3オン3」，マット運動の「シンクロマット」，短距離走の「8秒間走」，ネット型ゲームの「テニピン」などの有名な教材も「合わせた」教材と言えます。先人により多くの優れた教材がこれまでも数多く開発されてきました。**「合わせた」教材を子どもたちに「会わせる」ことで，子どもたちの学習意欲もぐっとあがります。**

参考文献　高橋健夫編（2010）『体育科教育学入門』大修館書店より，
岩田靖（執筆頁）pp.54-60

A15 子どもたちの実情に「合わせて」，子どもたちと「会わせる」ことが大切です

素材を教材へ

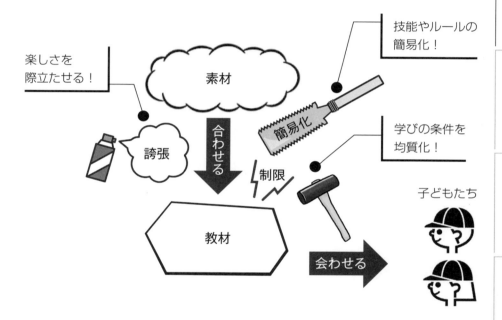

> POINT
>
> ### 合わせて会わせる「腕」過去に学ぶ「情熱」
>
> 「簡易化」「誇張」「制限」の視点を持って，素材を教材化していきます。
> 先行実践にもすばらしい実践がたくさんあります。参考にしましょう！

Q16 中核をなす運動を教材化する（合わせる）ポイントは？

1　中核をなす運動

　単元において中核をなす運動があります。もっとも多くの時間を費やす運動であり，学習内容を獲得するための主たる運動です。サッカーやマット運動，高跳びや平泳ぎ……これらはあくまで素材です。Q15でも述べたように，**素材となる運動も加工して，教材にする必要があります。**

2　加工のポイント

　素材となる運動を加工する際，次の5つのポイントをおさえましょう。

①興味関心の喚起

　子どもたちの「やってみたい！　挑戦してみたい！」を生み出せている。

②学習内容の獲得

　学ぶべき学習内容が教材にしっかり包括されている。

③学習機会の保障

　すべての子どもが繰り返し学ぶ機会を保障されている。

④安心安全の確保

　身体的安全が確保され，心理的安心の元，運動にチャレンジできる。

⑤アセスメントの簡易化

　学習の振り返りや評価が容易にできる，見える化されている。

　子どもの実情や願いを把握し，多くの運動や道具（素材）の中から取捨選択，開発，構成します。先に述べた「合わせて，会わせる」です。そして，子どもたちと運動とのすてきな出会いを演出しましょう。授業の成否に大きく影響するところです。

参考文献　高橋健夫編（2010）『体育科教育学入門』大修館書店より，岩田靖（執筆頁）pp.54-60

	マネジメント

A16 加工する5つのポイントをおさえて，元となる運動である素材を教材化していきましょう

授業準備

運動を教材化する5つのポイント

興味関心
の喚起

学習内容
の獲得

アセス
メントの
簡易化

中核をなす
運動

学習機会
の保障

安心安全
の確保

授業実践

子ども対応・見取り

レベルアップ

POINT

運動を構成するための「道具」「判断」

その運動と出会ったときに子どもたちが感じたことが，単元の行く末を左右します！　よい出会いとなるように，ここでしっかり練り上げましょう！

Chapter3　図解でわかる体育授業の必須スキル50　69

Q17 体育授業における学習形態はどんな形があるのか？

1 学習形態

　授業において，その形態は大きく次の３つに分けることができます。

①一斉学習……授業者に対して，多くの子どもたちが同時に授業を受けます。

②グループ学習……グループ（小集団）に分かれ，学習に向かいます。

③個別学習……一人ひとりが自らの課題に向かって，学習を進めていきます。

2 メリット・デメリット

　それぞれの学習形態にメリット，デメリットはあります。

学習形態	メリット例	デメリット例
一斉学習	コントロールしやすい，安心感・一体感が生まれる，計画を立てやすい。	学力差，交流しにくい，個に応じた指導がしにくい。
グループ学習	発言が増える，役割分担できる，責任感が育つ。	グループ間の質の差，コントロールしにくい。
個別学習	能力に応じた学習が可，自主性が育つ。	個の様子の把握が困難，対話が生まれない。

　これらのメリット，デメリットを考慮した上で，学習形態を選択していきます。ただし，１時間ずっと同じ形態でなく，「一斉→個別→グループ」「一斉→個別→一斉→個別……」といった流れなど，それぞれの形態を行き来しながら，より効果的な授業になることをめざしましょう。特に体育では，一斉学習の形態は取りにくいため，グループ学習の役割が大きくなります。

A17
大きくは一斉学習，グループ学習，個別学習の3つがあります。メリット，デメリットを把握して，使い分けていきましょう

3種の学習形態

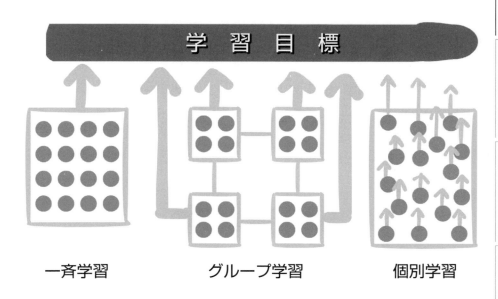

一斉学習　　　グループ学習　　　個別学習

> **POINT**
>
> ### 学習形態を選ぶ「判断」機能させる「腕」
>
> 1時間ずっと同じ形態である必要はありません。同じ単元内や1時間であっても状況や目的に応じて使い分けていきましょう！

③ 授業実践スキル

いよいよ授業本番です。
どうすれば子どもたちに思いがうまく伝わるのか？
子どもたち同士の学び合いはどうやって導けばいいのか？
学習カードやICTの活用は？
実際の授業において，教師が発揮すべき授業実践スキルに
ついて考えてみましょう。

Q18 体育授業における学習規律とは？

1 学習規律とは

　学習規律とは，簡単に言うと学習におけるルールやマナーです。**互いに気持ちよく，安全に学習し合うためのもの**です。学習規律ができている集団は，学習効果も高いとも言われます。安心感の元，効率的な授業が展開されているからでしょう。では，体育授業における学習規律はどのようなことが挙げられるのでしょう。

2 体育学習における学習規律

　授業場面に分けて整理してみましょう。

	主な学習規律
はじめ	服装，時間を守る，挨拶，集合整列，準備，
なか	話し合いの仕方，補助，応援，言葉遣い，返事，聞く態度
おわり	挨拶，片付け，学習カードの記入，着替え

　あくまで，一例です。４月にある程度のことはおさえておくことで，隠れマネジメント（Q13）としていきてきます。「互いに気持ちよく，学習し合うため」という意識が根本にあれば，このほかの場面においても自ずと行動や態度は決まってきます。

　何より大切なのは子どもたちの納得感です。学習規律をなぜこうしなくてはならないのか。子どもたち自身が理解すること，納得することなくして，１年間学習規律が保たれることはありません。時には，ある場面をとりあげて，子どもたちとどうすればよかったのか考えることも効果的です。

A18 互いに気持ちよく，安全に学習し合うためのルールやマナー。子どもたちの納得感が大切です

納得感を伴う学習規律

互いに安心して過ごすために…

子どもたちの納得感

> POINT
>
> ### 納得させる「言葉」雰囲気をつくる「腕」
>
> 学習規律に対して，子どもたち自身が納得感を持ち，みんなで守っていこうとする態度，雰囲気をつくることが大切です！

Q19 授業中，教師が話をするときに意識すべきことは？

1 指導言

　授業において，教師の意思を伝達する場合，そのほとんどが音声言語を用います。**意図を持って教師が発する言葉を「指導言」と言います。**教師の持つ9つのワザの中でも筆頭に出てくる教師の必須スキルの1つです。

2 指導言4つの役割

　指導言には，「**指示（行動に働きかける言葉），発問（思考に働きかける言葉），説明（行動，思考を整理する言葉）」**（1988，大西忠治）があります。跳び箱の授業で例を挙げてみます。

　「踏切板の真ん中で『どん』と音を立てて踏み切ろう」これは行動に働きかける言葉である「指示」です。「音を立てずにピタッと着地するにはどうしたらいいかな」これは思考に働きかける言葉である「発問」です。

　これらの指示や発問を子どもたちに十分理解させるためには，「踏切板の真ん中とは」「ピタッとはどんな状態か」といった前提を整理，補助する「説明」が必要になります。みんなが等しくイメージできるように理路整然と伝える力が教師には求められます。

　さらには，「評価」の言葉も必要です。子どもたちの活動を価値づけ，次の学びや意欲につながるような心に働きかける言葉です。**先の3つの言葉を有効に機能させられるかは，この評価の言葉にかかっている**と言っても過言ではありません。この評価言までをも含めた4つの指導言をねらいに応じて使い分け，子どもたちに届けられるかどうかが授業の成否を大きく左右します。

参考文献　大西忠治（1988）『発問上達法』民衆社

A19 指導言（指示，発問，説明，評価）のねらいを持って言葉を伝えることです

指導言４つの役割

指示
行動に働きかける言葉
例「踏切板の真ん中で『どん』と音を立てて踏み切りましょう」

発問
思考に働きかける言葉
例「音を立てずにピタッと着地するにはどうしたらいいかな」

説明
指示，発問，評価を整理，補助する言葉
例「踏切板の真ん中とはこのあたり（指し示しながら）のことですね」

評価
心に働きかける言葉
行動や思考を評価する
例「音が大きくなったね」「友達のよいところをよく見つけたね！」

POINT

精錬された「言葉」評価をする「判断」

子どもたちの動きや反応に対して，適切な評価の言葉をかけることで，より指導言が子どもたちに効果的に働きます！

Q20 指導言を効果的に使いこなせる ようになるコツは？

1 指導言を真似？

　憧れの先生の指導言をそっくり真似して授業をおこなってみたのにうまくいかなかった。そんな経験はないでしょうか。目の前にいる子どもが違うから……，それはもちろん大きな違いです。しかし，それだけではない差がそこにはあります。特に広い空間でおこなわれる体育は，一度子どもたちが広がってしまうとなかなか修正がききません。ちょっとしたコツで，指導言を効果的に機能させられるようにしましょう。

2 ３つのコツ

指導言を有効に機能させるには，３つコツがあります。

①**「間」**……話を聞いてほしいときの間，発問から次の言葉を発するまでの間，少し楽しい「ボケ」を入れた後の間など，「間」によってその言葉の効果は全く違うものになります。

②**「状況把握」**……受け手や環境の状況によって，言葉の受け取られ方は変化します。運動に夢中なとき，勝敗に一喜一憂しているとき，寒いときや暑いときなど，その状況に応じて指導言に変化をつけることが必要です。

③**「視覚化」**……言葉に具体性を増して伝えることができます。簡単な例だと，指をさして方向を示す，実際の動きを示す，動画で説明するといったことです。

　一般的に「授業がうまいな」と言われる人の授業では，言葉を発する際に，これらのコツをいかすことで，指導言が効果的に機能しています。憧れの先生のそういった点に注目して授業を観てみるのもいいですね。

A20 指導言を支える「間」「状況把握」「視覚化」を意識して,子どもたちに言葉を届けることです

指導言をいかす３つのコツ

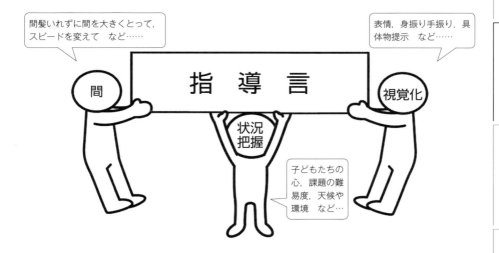

POINT

頭と心を動かす「動き」「ユーモア」

子どもに思いを伝えるにはコツがあります。指導言の裏に隠されたスキルを意識しながら,憧れの先生の授業を見てみましょう！

Q21 体育授業における教具には どんな役割が求められるのか？

1 補助ツールの１つ

　ボール，固定器具，マット，バトンなど，大半の体育の授業では，何らかの形で教具が使用されています。教具は，学習において主に知識・技能，思考力・判断力・表現力面を助ける補助ツール（Q14参照）です。跳び箱や鉄棒，ボールのように教具自体が教材の中核をなすことも多々あります。

2 教具の役割

　何気なく使っている教具ですが，その用いられ方，授業における役割には違いがあります。

①**操作自体が「学び」となる教具**……野球（バット操作をしてボールを打つ），体つくり運動（巧みに用具を操作して）など

②**「学び」の媒介としての教具**……跳び箱（美しい跳び方の学習），高跳び（リズミカルな助走から高く跳ぶ記録の追求），水泳（ビート板を用いての泳法の学習）など

③**「学び」の補助をする教具**……ゴール型ゲーム（シュートゾーンの設置による空間理解），リレー（目印によるバトンポイントの明確化）など

　「なわとびという教具を操作して体を巧みに動かすことを学ぶ」「跳び箱という教具を用いて跳び方のコツを学ぶ」「シュートゾーンという教具を用いて空間の使い方を学ぶ」といったように，体育では，**教具が授業の目標を達成するための大きな役割を担うことが多々あります**。わたしたちは，目的に応じて使いこなすスキルが求められます。

A21 学習目標到達の補助をしてくれるものであり，授業の目的に応じて使いこなすスキルが求められます

教具３つの役割

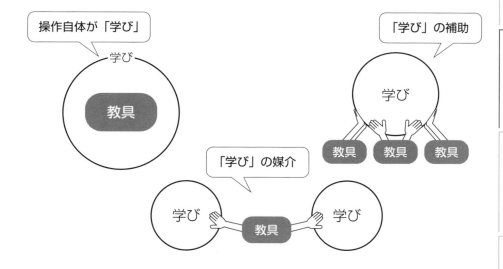

POINT

教具を使いこなす「判断」「腕」

教具には「操作自体が学び」「学びの媒介」「学びの補助」といった役割があります。授業目標を達成するためにその使い方を工夫しましょう。

Q22 教具を授業で有効に活用するために必要なスキルは？

1 効果的な教具の選択

　使い勝手のよい便利な多くの教具が販売されています。また，予算的に購入が難しいときには，自ら必要な教具を手作りしたこともあるのではないでしょうか。

　教具は授業の方向性を大きく左右するものです。購入するにせよ，手作りするにせよ子どもたちの実態に寄り添ったものでなければなりません。同時に，一度に多くの子どもたちを指導する教師側にとっても，効果的かつ効率的であることが求められます。

2 教具5つのアップポイント

　ただ学校にあったからという理由で教具を選択するのではなく，使用することにより，以下の5つのポイントがアップすることを考慮して選択（作成）しましょう。

① 【安心アップ】（例：ウレタン製ハードル，ペットボトルバットなど）

② 【意欲アップ】（例：動物〔表現運動〕カード，ドッヂビーなど）

③ 【技能・思考力アップ】（例：鉄棒ベルト，ビーズなわとびなど）

④ 【学習機会アップ】（例：新聞紙ボール，ゴム高跳びなど）

⑤ 【アセスメント力アップ】（例：記録用グッズ，ホワイトボードなど）

　わたしたちは授業の目的を達成するために，教具を選択していきます。同時に子どもにとって，「やってみたい！」「怖くない」「楽しい」などよさを実感できるものであるべきです。**子ども，教師双方にとって Win-Win となる教具を選択，活用**できることが教師に不可欠なスキルです。

A22 教具の果たす役割を理解し，子ども＆教師，Win-Winのものを選択，活用できるスキルです

教具選択・活用による5つの効果

> POINT
>
> ### 授業を促進させる「道具選択」「腕」
>
> 「安心」「意欲」「技能・思考力」「学習機会」「アセスメント力」の5つポイントのうち，いま何が必要なのかを考えながら教具を選択できるようにしましょう！

Q23 体育における「場」とは？

1 「場」は大きな手立て

　体育の授業は，運動場や体育館などの広い場所でおこなわれます。また，固定器具や教具を用いることが大半です。普段の教室の授業とは，勝手が違うことに戸惑うことも少なくありません。「場」は，授業をより効果的に，確実に進めるための大きな手立ての１つであると同時に，学習の枠組みを規定するものです。

2 「場」の構成

　技術面のみならず，思考面や子ども同士のつながり，関心・意欲にまで大きく影響を及ぼします。実際の授業において「場」を構成する際には，以下のことを考慮しましょう。
・**設備の状況**（運動場，体育館の広さ，固定教具の数）
・**人や物（教具）の数**（指導者や子どもの数，ものの数やコートの広さ）
・**子どもたちの学習履歴・習得状況**（運動の経験，習得状況，人間関係）
・**学習内容・目標**（本単元〔本時〕の学習内容や目標）
　例えば，運動機会を増やすために，コートやレーン，教具を十分に用意します。逆に気温が高すぎたり，運動負荷が強すぎたりするときには数を減らすこともあるでしょう。全員の動きをしっかり見ることができるように教具を工夫して配置することもできます。
　しかし，各校で設備の状況や教具の数などは異なります。また，子どもたちの実態もさまざまです。わたしたちには，**決められた枠の中で，学習目標を達成するための「場」を構成するスキル**が求められます。

A23 「場」とは学習を補助する大きな手立ての1つであるとともに，学習の枠組みを規定するものです

「場」を構成する要素

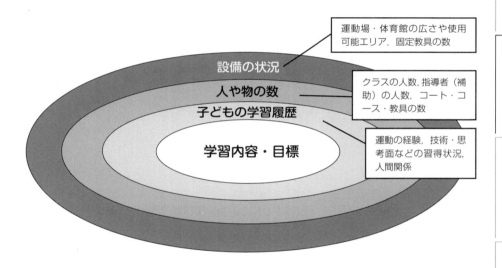

POINT

環境や状況に応じて場を選択する「判断」

「設備の状況」「人や物の数」「子どもの学習履歴」など決められた枠の中で，学習目標を達成するための「場」を選択していきましょう！

Q24 場を設定するときのコツは？

1 領域や学習内容に応じた「場」

　Q23でも述べたように，「場」を構成する要素は多岐に渡ります。となると，授業毎に場を構成することは大変複雑で難しいことのように感じます。しかし，そこにはいくつかの型があります。**領域や学習内容によって，ある程度の型に当てはめることができます。**

2 「場」の5つの型

「場」を5つの型に整理してみましょう。

①**単一型**……全員が1つの同じ場（マラソンコース，リズムダンスなど）

②**複数型**……複数設置された同じ場（ハードル走，ボール運動のコートなど）

③**ステージ型**……発表の「場」となるステージが設置された場（表現運動や集団演技の発表会など）

④**サーキット型**……複数の違う場を順に巡る場（体つくり運動，週運動の下位教材など）

⑤**セレクト型**……複数の違う場を選択できる場（課題別練習，記録会場と練習場など）

　「場」を設定する際，技能面を効率的に習得することに重きが置かれがちです。しかし，仲間と共に知恵を出し合い協力することやリーダーシップの発揮など，**よりよいコミュニケーションを育むことも，「場」の大きな役割であることを忘れてはいけません。**教師，子どもの動線も考慮に入れ，目の前の子どもたちの事実を基に，型を使い分けていきましょう。

A24 学習内容，目標に応じて，「型」を使い分けることです

場の5つの型

単一型
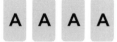

全員が1つの
同じ場

複数型

A A A A

複数設置された
同じ場

ステージ型

ステージ

発表の場となる
ステージが設置された場

サーキット型

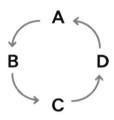

複数の違う場を
順に巡る場

セレクト型

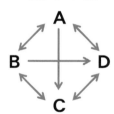

複数の違う場を
選択できる場

POINT

技術と心の動きを探る「眼」

「場」を設定する際，技能面の獲得に重きが置かれがちです。互いに見合ったり，話し合いをしたりとコミュニケーション面にも配慮した場となるようにしましょう！

Q25 子どもと教師がつながるとはどういうことか？

1 縦のつながり

　子どもと教師のつながり，**いわゆる「縦のつながり」**です。このつながりは「信頼」が一番のベースです。「信用」が過去の行為や業績によるところとは違い，「信頼」は未来の行為や実績を信じることです。そう使い分けると，教師は過去にとらわれず，今，未来の子どもを信じ，無条件に信頼しなくてはいけません。

2 信頼されるために

　反対に，子どもたちから「信頼」されるようになるためには，どうすればよいのでしょう。次の視点を意識してみましょう。

- **一緒に過ごすこと**……休み時間や授業時など多くの時間を過ごすことで，心理的にも一緒にいることを感じさせましょう。
- **認めること，受け入れること**……話をよく聞き，認める発言を心がけます。なんでも話せる，相談できる，自分を見てくれているという安心感につながります。
- **約束を守ること**……自身の発言に責任を持つ，授業時間を守ることなども大きな約束です。
- **上機嫌でいること**……不機嫌そうな顔をしている先生に子どもたちは寄ってはきません。表情，言動など近寄りやすい雰囲気を醸し出しましょう。

　スキルとは言うまでもない当たり前のことかもしれません。その当たり前からわたしたちは，子どもたちからの**日々の「信用」を積み上げ，「信頼」を勝ち取らねばなりません。**

A25 子どもたちからの「信用」を積み重ね，「信頼」を得るということです

子どもと教師のつながりをつくる4つの視点

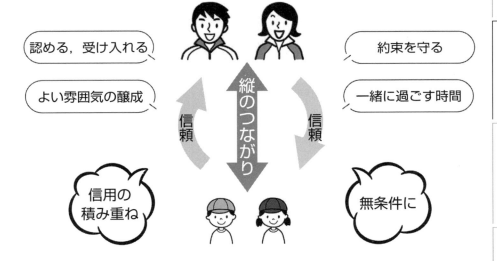

> POINT
>
> ## 認めて，受け入れる「表情」「言葉」
>
> 教師は，「一緒に過ごす」「認める，受け入れる」「約束を守る」「上機嫌」を心がけ，子どもたちからの信用を日々積み上げていきましょう！

Q26 子ども同士のつながりをつくる ために大切なことは？

1 横のつながり

　体育授業において，「わかる・できる」のその先にある「運動の価値への気づき，態度化」（Q1参照）を追い求めていくには，子ども同士のつながりは不可欠です。アドバイスし合える関係，失敗や間違いを受け入れてくれる関係，傍にいるだけで頑張ることのできる関係……，**いわゆる「横のつながり」**です。1人での学びでは得難いものを与えてくれます。また，体育において，この「横のつながり」を保障することが普段の学級づくりにも大きく寄与します。

2 子ども同士のつながりを生むために

　共に活動していれば，一定の横のつながりはできるでしょう。しかし，無計画にただ活動をおこなうだけでは，すこぶる非効率です。次の4つの視点を授業に取り入れることで，**横のつながりができる仕組みを意図的に仕込んでおきましょう。**
・**場面（時間）の設定**……競争や共創，協議など仲間が必要な場面（時間）を設定する。
・**課題の設定**……仲間と共に夢中になって取り組める課題を準備する。
・**メンバー構成**……実態に応じたメンバーの人数や組み合わせを決める。
・**コーディネート**……子どもたちに学びの方向性を示すとともに，子どもたちの関係を考慮しながら適宜調整を加える。
　状況に応じて何をどう仕込むのか選択する判断が求められます。また，学年に応じた仕組みも準備する必要があります。

A26 意図的につながりができる「仕組み」を「仕込む」ことです

子ども同士のつながりをつくる4つの視点

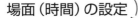

- 場面（時間）の設定
- メンバー構成
- 課題の設定
- コーディネート

仕組みを仕込む

横のつながり

> POINT
>
> ### 状況に応じて仕組みを準備する「眼」「判断」
>
> 「場面（時間）の設定」「課題の設定」「メンバー構成」「コーディネート」の4つの視点で「横のつながり」ができる仕組みを準備しておきましょう！

Q27　グループ学習を進めるうえで大切なことは？

1　グループ学習とは

　ここでいうグループ学習とは複数人数で学習をおこなうこととします。体育では，1人で黙々と運動に取り組む場面ももちろんありますが，**仲間と共に，グループで学習を進めることが多く**，学習目標を達成するための大きな手立ての1つとなります。

2　グループ学習のメリット

　グループ学習では互いに見合い，アドバイスをしたり，グループで解決策を出し合ったりとさまざまなメリットがあります。整理してみましょう。

視点	内容
情意面の向上	励ましや助け合いによる意欲の向上，人間関係の学び
安全面の確保	水泳のバディや器械運動の補助など互いの安全を確保
技能面の向上	動きの気づきの交流や教え合いによる技能向上
思考面の深まり	考えを出し合い交流することによる思考の深化
協働的活動による学び	ボール運動やリレーなど互いの動きが連動することによって得られる学びの経験
身体への気づき	体つくり運動に代表される互いの体の変化や違いへの気づき

　あらかじめ，なにをめざしてこのグループで学習しているのか，指導者と子どもたちの思いが一致できるようにしたいものです。

A27 闇雲にグループ学習をおこなうのではなく，メリットをしっかり把握したうえで，1つの手立てとして活用することです

グループ学習のメリット

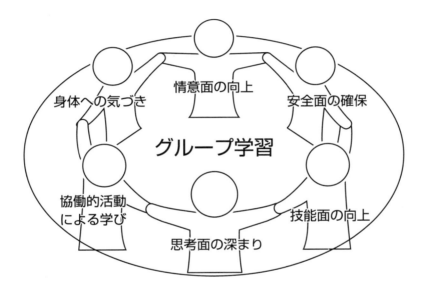

> POINT
>
> ### 思いを一致させる「言葉」「情熱」
>
> なにをめざしてこのグループで学習しているのか，指導者と子どもの思いが一致できるようにしましょう！

Q28 グルーピングをする際に注意することは？

1 グルーピングとは

　学級の子どもたちをいくつかのグループに分けるグルーピング。特に体育では，授業の成否を左右することもある非常に重要な作業です。**学習の目的に応じて適切なグルーピングの方法を選択することが大切**です。

2 グルーピングの型

　主に次の4つの型があります。

型名	説明	おすすめ領域
無意図型	学年はじめや学期はじめ，子どもたちの仲を深めたいときにクラスの生活班や出席番号順などを用いて分ける。	体つくり運動系
均等型	チームによる勝負や記録が関わるときにチーム間の力が均等になるようにする。運動能力に加え，リーダー性や個性にも配慮が必要。	ボール運動系 陸上運動系
力量差型	習熟度や能力差が如実に出るとき，同じぐらいの力，段階のグループにする。グループ毎に合った学習をすすめる。	器械運動系 水泳運動系
目的別型	自分が今すべき運動や課題を選択して，同じ目的を持ったグループに分ける。	体つくり運動系 表現運動系

　下3つは意図的グルーピングとも言えます。**技能面や思考面の力，体格，性格や気質，子どもたちの願いなどを基準にグルーピングしていきます。**

A28 学習の目的に応じて何を基準にグルーピングをおこなうかを明確にしておくことです

グルーピング4つの型

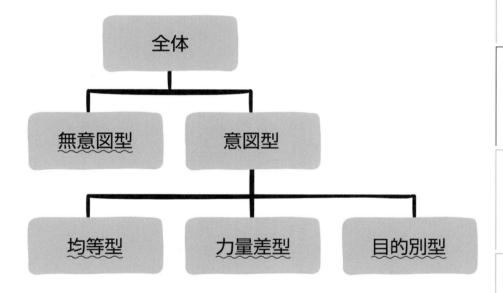

> POINT
>
> ### グルーピングする「眼」型の「選択」
>
> グルーピングの際，領域の特色や学級の状況などを鑑みて，無意図的，意図的（均等型，力量差型，目的別型），それぞれの特徴をいかして使い分けましょう！

Q29 体育授業において話し合い活動を取り入れる意義は？

1 話し合い活動の意義

文部科学省では「子供同士の協働，教職員や地域の人との対話，先哲の考え方を手掛かりに考えること等を通じ，自己の考えを広げ深める」と対話的な対話を定義しています。授業における話し合い活動もその一役を担っています。

体育における話し合い活動は以下の3つの面で有効に働きます。

①**技能・知識面**（動きへの気づき，新しい体の使い方やアイデアの発見……）
②**思考面**（仲間との考えの比較，自分の考えへの価値づけ，思考の深化……）
③**意欲面**（連帯感・チームワークの向上，主体性や責任感の育成……）

2 体育における話し合い活動

身体的活動を主とする体育学習では，体を動かす時間が中心となり，仲間との対話の時間がとれないこともあります。その結果，なぜできないのかわからないまま時間が過ぎることになったり，自己満足やただ「できた（なんとなくできた，知らないうちにできていた）」に陥ってしまったりすることにもなりかねません。

「どうしたらこれができるようになるのかな」「どんな攻め方をしたら点数がとれるかな」「どう体を動かせば美しく見えるかな」……など，3つの面につながるようなテーマで話し合い活動をすることで，**いまおこなっている運動が，自分にとってどんな意味があるのか（意味づけ），どんな価値があるのか（価値づけ）を考えられる時間**を持てるようにしましょう。

参考文献　文部科学省（2017）「新しい学習指導要領の考え方」

A29 今の学習を，意味づけ（自分たちにとってどんな意味があるのか），価値づけ（どんな価値があるのか）するためです

話し合い活動の意義

「どうすればイメージ通りに表現できるかな」
「どんな作戦でいこうかな」

思考面

技能・知識面

意欲面

「この運動のコツは…」
「シュートの練習が必要だね」

「もっとこの練習をしたいな」
「助けてくれてありがとう！」

意味づけ
価値づけ

「みんなで考えた作戦が上手くいって
ゲームに勝てたよ」
「次の時間は〜にチャレンジしたいな」
「体を思い切り動かして楽しかった！」

> POINT
>
> ### 意味づけ価値づけできる「眼」「言葉」
>
> 「技能・知識面」「思考面」「意欲面」３つの面につながるテーマで話し合い活動を設定していきましょう！

Q30 話し合い活動を有効に機能させるためのコツは？

1 話し合いの形式

　話し合いの目的，内容，学年によって話し合いの形式は変わります。各形式が用いられる主な場面は以下の通りです。

①**1対1型**……互いの意見を伝え合いたい場面

②**グループ平準型**……数名で互いの考えを同じレベルで伝え合い多様な考えを出し合いたい場面

③**グループリーダー型**……リーダーが中心に考えを述べたり，みんなの意見を聞いたりとグループで一定の方向性を見出したい場面

④**全体型**……教師や司会者を中心にそこに集う全員で話し合い，共通理解を図りたい場面

2 話し合いの内容

　闇雲に「話し合う時間をとりましょう！」でなく，Q29でも述べたように，「技能・知識面」「思考面」「意欲面」につながるテーマを設定します。話し合う内容がどんな意図で，何のために話し合うことなのか，教師のイメージと子どもたちのイメージを一致させることが最も重要です。

　「この後〇〇についてチームで話し合うから考えながらゲームしようね」「この技の△△についてあとで交流するよ」など，運動前に視点を与えておくことが，話し合いの活性化や効率化にもつながります。

　子どもたちの実態に応じて，形式と内容をうまく組み合わせ，話し合い活動を設定していきましょう。

A30 子どもたちの実態に応じて，話し合う内容と形式をうまく組み合わせて設定することです

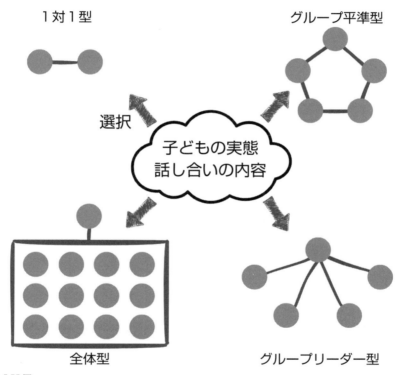

話し合い4つの型
- 1対1型
- グループ平準型
- 全体型
- グループリーダー型

選択 ← 子どもの実態 話し合いの内容

> POINT
>
> ### 話し合いの形式と内容をつなぐ「腕」
>
> 運動前に「話し合い」の視点を与えておくことが，後の話し合いの活性化や効率化にもつながります！

Q31 学習カードを有効に機能させるためのコツは？

1 目標達成のツール

　教科書のない体育で用いられることの多い学習カード。目標に達するための1つのツールです。また，子どもたちが授業の方向性や流れを理解するためにも有効です。学習内容や子どもの実態に応じて準備することが大切です。

2 学習カードの役割

　この学習カードには，主に次の4つの役割があります。

①見通しを持たせる

　予め課題設定（ねらい）が書かれていたり，自身の目標（めあて）を書いたりします。今日おこなわれる授業に対して，見通しを持つことで，主体的に学習に向かえるようにします。

②学習の補助をする

　技の流れ図や運動のポイント，作戦をたてるためのコート図や気づきを書く欄を設けることで，学習の補助をします。

③学習の足跡を残す

　できるようになったことやわかったこと，ゲームの結果や記録，自己評価や相互評価など自分の学びを残すことができます。

④次への希望を持つ

　今日の学習を自分なりに振り返ることで，価値づけをおこないます。同時に，次への展望，希望を持てるようにします。

　文章で書くのか選択式にするのか，イラストをどれぐらい入れるのかなども，使用する学年やカードの目的に応じて変えていきましょう。

A31 子どもの実態に合わせることとカードの役割を明確にして準備することです

学習カード4つの役割

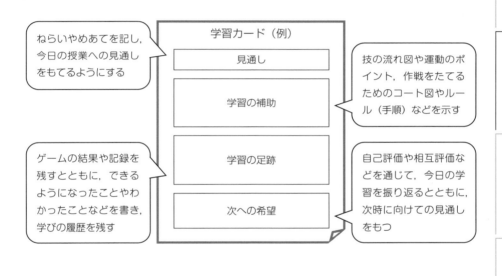

POINT

必要な学習カードを準備する「道具選択」

「見通し」「学習の補助」「学習の足跡」「次への希望」といった学習カードを用いる目的を明らかにして準備，活用しましょう！

Q32 板書を有効に 機能させるためのコツは？

1 学習の地図

　教室外でおこなわれる体育の授業，「活動あって学びなし」と揶揄されることもあるように，ついつい学習していることが流れてしまいがちです。そこで体育においても有効なのが板書です（ここでは黒板，ホワイトボードに加え，電子ボード，模造紙なども合わせて板書とします）。板書には活動や思考の流れが示されます。

2 板書のポイント

　板書では，次の3つのポイントをおさえましょう。

①焦点化

　場の設定や共通の課題，前時までの学びなどを示し，今日は「どこで，どのように，何を」学ぶのか焦点化して一致させていきます。

②つなぐ

　個々やグループで気づいたこと，困ったことなど，学習の中で見えてきた情報をつないでいきます。

③整理

　学習したことをまとめて，整理するとともに大切なことを強調していきます。次への展望や期待を持てるようにします。

　板書は，子どもたちにとって学習の地図であり，道しるべです。しかし，常に黒板が見える教室の授業とは違い，体育では黒板の近くに全体が集まるのは3，4回です。そこで，これらのことを示していかなくてはなりません。**教室でおこなう授業よりも，難易度の高いスキルが求められます。**

A32

いわば学習の地図です。「焦点化」「つなぐ」「整理」3つのポイントを押さえて子どもたちの道しるべとなるよう板書していくことです

板書3つのポイント

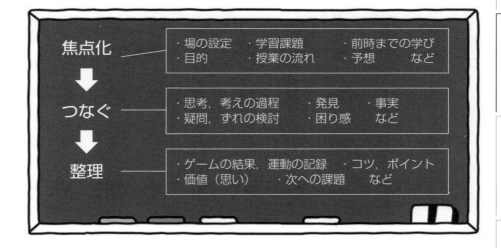

> POINT
>
> ### 的確な「言葉」取捨選択する「腕」
>
> 体育授業での板書のチャンスは3，4回。そこで子どもたちが理解できるようにまとめられるスキルが必要です！

Q33 体育授業において ICT が果たす役割は？

1 体育と相性抜群

　GIGA スクール構想の下で，一人一台端末が急速に進んでいます。一見，体育と ICT は対極にありそうな２つですが，**身体活動を主とする体育においては，その活用効果も高く相性は抜群**です。これまで ICT 機器を活用した優れた実践事例もたくさんあげられています。動きの確認にとどまらず，思考面や情意面においてもその果たす役割は小さくありません。

2 ４つの特徴

　ICT 機器の持つ４つの特徴である「再現性，保存性，即時性，自在性」を活用することで，そのよさを最大限に引き出しましょう。

①再現性

　同じ場面を繰り返し再現したり，数値を共有したりできる。

②保存性

　学びの軌跡を保存したり，必要な情報にアクセスしたりできる。

③即時性

　各種情報へのアクセスや他者とのコミュニケーションを即座におこなえる。

④自在性

　教材の調整や個々に応じた学習へのアプローチができる。

　しかし，ICT 機器は，あくまで学習目標を達成するための教具の１つであり，手立ての１つであることを忘れてはいけません。ICT 機器を使うこと自体が目的とならず，子どもたちと学習内容をつなぐ活用方法を考えていきましょう。

A33 技能面にとどまらず,思考面,情意面にも有効に働き,学習内容と子どもたちをつないでくれることです

ICT4つの特徴

再現性
例：動画の反復視聴,技や演技の録画,記録・結果の共有など

保存性
例：動きや演技,記録や結果の思考などの保存,共有など

即時性
例：お手本動画や前回の学びの確認,グループでの交流など

自在性
例：解説入り動画の提示,個人ポートフォリオの作成など

学習内容 — つなぐ — 子どもたち

> POINT
>
> ### 新しいものを取り入れる「道具選択」「情熱」
>
> 体育との相性はバッチリ！「再現性,保存性,即時性,自在性」4つの特徴をいかし,学習目標を達成するために積極的に活用していきましょう！

Q34 授業において ICT を活用する際に注意すべきことは？

1 授業の流れ

　ICT 機器の 4 つの特徴を（Q33参照）活かした手立てを講じても，授業の流れ（勢い）を切ってしまっていてはあまりにもったいない。実際の授業でも，ICT 機器の操作などで授業が止まってしまうような場面を見かけます。**授業を「よどませない」ことを意識してみましょう。**

2 3つの「よどませない」

・「時間」をよどませない

　準備に手間，操作が複雑ということがないようシンプルにいきたいものです。すぐ使えるようにしておくこと，あらかじめ使い方を指導しておくことが肝要です。

・「目的」をよどませない

　教師の願いと子どもたちが使う目的を一致させることで，活動の方向性をよどませないようにします。

・「コミュニケーション」をよどませない

　ついつい 1 人の世界に入りがち。対話や協働が不足しないように，ネット上での交流，データの共有などを通じて，コミュニケーションを確保していきます。

　流れが切れるということは，ただ活動が切れるのみならず，思考や意欲も切ってしまいます。ただし，**子どもたちが ICT を取り囲み，ぐーっと考えるよい「よどみ」もあります。**その良し悪しを見極め，支援の有無や内容を判断するスキルも求められます。

A34 授業の流れ（勢い）を切ってしまわないようにすることです

ICT3つの「よどませない」

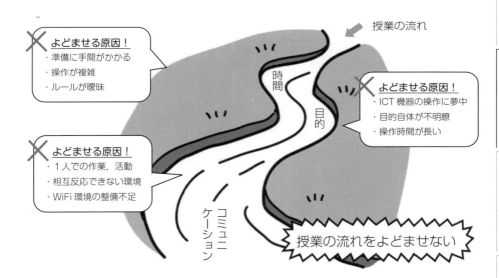

POINT

ICT機器を授業に活かす「腕」

「時間」「目的」「コミュニケーション」の3つをよどませず，ICT機器があることで，さらに学習が加速されるような使い方をしましょう！

④ 子どもへの対応・見取りスキル

どんなに用意周到に準備をしていたとしても，
実際の授業では何が起こるかわかりません。
子どもたちのやる気が全然なかったらどうしよう？
ケンカしはじめたらどうしよう？
授業における子どもたちの何をみていればいいの？
授業におけるリスクも見据えた子どもへの
対応・見取りスキルについて考えてみましょう。

Q35 実際の授業に向かう前は どんな心構えが必要か？

1 想定内と想定外

　ここまでで何度も述べてきたように，あらかじめ子どもたちの姿をイメージして，授業準備をすることはマネジメントの基本です。**「～かもしれない」を事前に想定して，対策を準備しておくことで，「想定内」にしていきます。**それでも想定していなかった「想定外」な出来事は，先生にも子どもにもパニックをもたらします。できうる限り起こって欲しくはないことです。

2 悪い想定外とよい想定外

　想定外という言葉を聞くと，マイナスのイメージのことが起こった場合に使うことが多いのではないでしょうか。しかし，「ここまでできるようになると思ってなかった」「思った以上に子どもたちの食いつきがよかった」「話し合いがすごく深まった」など，プラスの想定外もあります。

　悪い想定外に関しては，「（悪いことが）起こるかもしれない」とできる限りいろいろな場面を想像，想定して対策を準備しておくことが肝要です。

　一方，よい想定外に関しては，想定外をなくす努力をやめてみます。というと誤解を与えるかもしれませんが，決して手を抜けといった話ではありません。言い換えると，期待を大きく持ちすぎるのをやめましょうという意味です。

　「もっとできるはず」と過度の期待を子どもたちに課すのではなく，子どもたちの成長を素直に喜べる準備をしておきましょう。ただし，子どもたちの実情とかけ離れてあまりに小さく設定し過ぎて，意欲の低下につながることはないようにしなくてはいけません。

110

A35 さまざまな「起こるかもしれない」をたくさん持っておき,想定内にしておくことです

想定のイメージ

悪い想定外

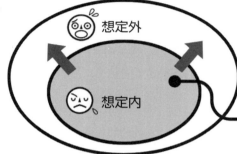

想定を大きく！
＝
パニックの縮小！

よい想定外

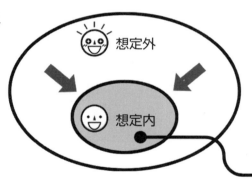

想定を小さく！
＝
喜びを増大！

POINT

想定外を想定内にする「眼」「判断」

過度な期待につながる「よい想定外」は準備し過ぎなくても大丈夫。子どもたちと一緒に喜びをわかち合いましょう！

Q36 授業で起こる想定外な事態への対応は？

1 想定外

　いくら綿密に計画を立てたとしても，実際の授業では軌道修正が必要になるときもあります。授業では，時には思いもしていないことが起こることもあります。身体的，技術的，思考的，人間関係，環境などで想定してできていなかったことです。その結果，**授業は下降線をたどり，惨憺たるものになってしまうこと**が往々にしてあります。

2 想定外への対応

　子どもたちが想定を超えてはるかに関心がない。子どもの現状と技術レベルが合ってなかった。想像もしていなかった考え方が主流を占める，大怪我が起こる。あると思っていた道具がない。急に雨が降る……。

　これらの想定外をすべてを網羅して，事前に対応を考えておくことなんて不可能です。そこで，授業に向かうにあたっての「想定外」の出来事に対して，次のような心構えをしておきましょう。

①想定外は「起こるかもしれない」と心の準備をしておく。

②状況を正確に把握する（複数あるならば解決すべき優先順位をつける）。

③可能な解決策を考え，授業を修正する。

④実行とモニタリング（さらなる修正が必要ならば②から繰り返す）

　一番いけないことは，教師が不安がったり，急に怒鳴り始めたりして子どもたちにまで不安を広げることです。どんなことが起こっても表情は平静を装って，判断，行動ができるといいですね。

A36 「想定外」すら「起こるかもしれない」と心の準備をしておくとともに，冷静に状況把握，対応策を練り，授業の修正を実行に移せるようにしましょう

想定外の事態への対応

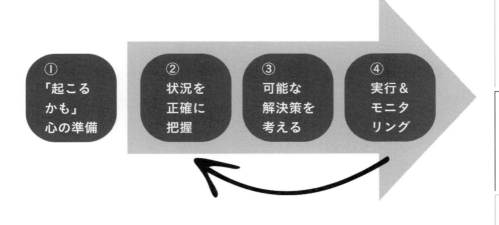

> POINT
>
> ### 状況把握の「眼」冷静にさばく「判断」
>
> 一番いけないのは子どもたちに不安を広げること。どんなときにも先生は平静を装い，子どもたちに安心感をあたえましょう！

Q37 授業中の修正はどのように おこなえばよいか？

1 授業計画の修正のタイミング

　想定外の場面（Q35）における軌道修正。教師が違和感を感じたときが，修正のタイミングです。一度決めたことは，最後まで貫かなければいけない。ついついそういう気持ちになりがちです。しかし，臆することなく修正を加えられることも教師の大きなマネジメントスキルです。

2 どうやって？

　修正のタイミングに遭遇したとき，次のような方法で修正を加えることができます。

①ペースアップ（ダウン）

　学びが停滞しているときなど，時間を調整や助言を加えることで，いまおこなっている活動を加速させます。逆に急ぎ過ぎて，危険や思考面の低下がみられる場面では，ペースダウンします。

②チェンジ

　課題の難易度，場の設定や教具，学習方法，グループのメンバーなどを変更することで，想定外の事態を脱します。

③ストップ

　危険な状況や意欲の低下，課題の不一致などの状況に陥ったときは，一度授業をストップして，次なる手立てを講じます。

　修正を加えるのは教師ですが，実際に動いているのは子どもたちです。何をどう修正を加えるのか具体性を持って，子どもたちと共有できるようにしましょう。

A37 「ペースアップ（ダウン）」「チェンジ」「ストップ」で想定外の事態を修正しましょう

授業の修正

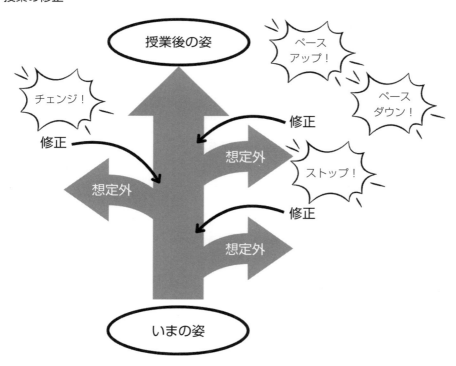

> POINT
>
> ### 修正を見極め，対応する「眼」「腕」
>
> 想定外にも慌てることなく，子どもたちと何をどのように修正するのか共有しながら，授業を進めましょう！

Q38 授業中は子どもたちの何をみればよいか？

1 見る？観る？

　「みる」には，「見る，観る，看る，診る，視る」といろいろな漢字を当てはめることができます。視覚を通して物事を確認するという意味ではすべて「見る」で間違いではありません。しかし，「観る」には，「観察」の言葉に表現されるように，**物事をよく観察して，その本質を見抜くことという意味があります。**体育授業における教師の「みる」は「観る」でありたいものです。

2 何を観る？

　では，授業においてわたしたちは，何を観ればいいのでしょう。漠然とみているだけでは，「見る」になってしまいます。観る視点を持っておくことが大切です。次の3つのことを観るようにします。

①**動き**……前回との差を中心に観ます。「小さなライン（Q42）」をたくさん想定しておき，それらをみつけていきます。

②**つながり**……活動中，互いによい関わりができているか，トラブルはないか，体育でのつながりは学級経営にも直結します。

③**心**……最後に心です。目には見えません。動きやつながりの裏に隠された心を観られるようになるには，経験と教師自身が観ようとすることが大切です。

　観たことを言語化して伝えることも，マネジメントの1つです。動きやつながり，心を観抜いて子どもたちに伝えていきましょう（「評価言〔Q19.20〕」）。

A38 「動き」や「つながり」を観るとともに、その裏にある「心」を観とりましょう

授業における子どもの「観」方

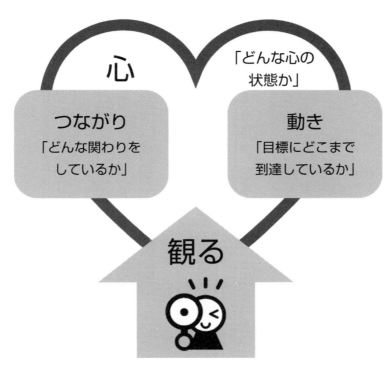

POINT

観とる「眼」伝える「言葉」

「動き」「つながり」「心」において観抜いたことを子どもたちにフィードバックすることで子どもたちの成長につながります。

Q39 観たことをどう授業につなげていけばよいか？

1 客観，主観

　同じ方法で，前に持ったクラスではうまくいったのに，今回はうまくいかないといった経験はないでしょうか。授業では「こう観えたから〜すればいい」と必ずしも正解のマネジメントがあるかと言えばそうはいきません。授業者は客観的に得た情報を，取り巻く状況を鑑みて，主観的に捉えなおします。同時に，そこにいる子どもたちも同様に主観的に捉えなおします。そのため先生と子どもの主観的な捉えに差が生じます。

2 みんなの客観

　まずは客観的に捉えられる情報を集めましょう。リアルタイムで観察した事実，学習カードや ICT 機器などから得られる情報，子どもたちの言葉や関わり……。授業では「動き，つながり，心」を客観的に観ます。人によって捉え方が大きくぶれない部分です。それら客観的事実を基に，主観的に判断していきます。環境や状況，期待やイメージ，経験や価値観などさまざまな取り巻くものによって，異なる捉え，判断になるでしょう。もし他の教師がいたら違う判断になるかもしれません。学習者自身や周りにいる子どもたちもその事実をどう捉えるかは異なることもあるでしょう。

　では，そのままバラバラでいいのか？　そうではありません。教師にとって大切なことは，それぞれの主観を合わせ，合意形成された主観を見出すことです。それがみんなでつくった「みんなの客観」となります。教師と子どもの思いが乖離しないために，自身の見え方のみならず，子どもたちからの見え方も考慮して判断することが必要となります。

A39 授業では，教師の主観と子どもたちの主観から「みんなの客観」をつくりあげていきましょう

授業でつくるみんなの客観

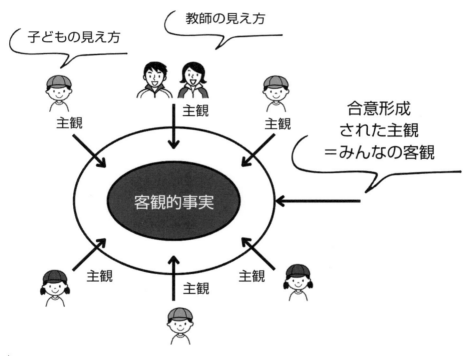

POINT

合意形成をはかる「言葉」「腕」

自分からの見え方のみならず，子どもたちからの見え方も考慮して観ることが求められます。

Q40 授業中はどこで子どもたちを見ればよいか？

1 観るために見る

当たり前ですが，**観るためには，しっかり見ていなくてはなりません**。常に子どもたちの様子から目を離さず，変化をできる限り見逃がすことがないようにしましょう。また，危険なことにもすぐ反応できるようにしておかなくてはいけません

運動場，体育館，プール，広い空間でおこなわれる体育授業です。全体を見るためには，見られる位置どりをすることが重要です。

2 どこで見る？

右の図は体育館としましょう。ＡＢＣどの位置が一番全体を見渡すことができるでしょう。

Ａは，全体が見渡せそうですね。しかし，人間の視野は180度もありません。手前の両端はどうしても死角となります。

Ｂは，空間の中央。子どもたちから教師の姿は見える位置です。しかし，教師からは自らが動かない限り全体を見ることはできません。

Ｃは一見すると隅っこで見にくそうです。しかし，視野は90度程度となり，一番全体を見渡すことができます。

時にはグループや個人を見に行くこともあるでしょう。**場の型（Q24）や活動内容によって，ＡＢＣどこで見るか，グループや個人を見るかを選択**しながら，子どもたちの活動を観ることができるようにしましょう。

A40 観る目的を明らかにして，観るために見やすい位置で見ましょう

見る位置による視野のちがい

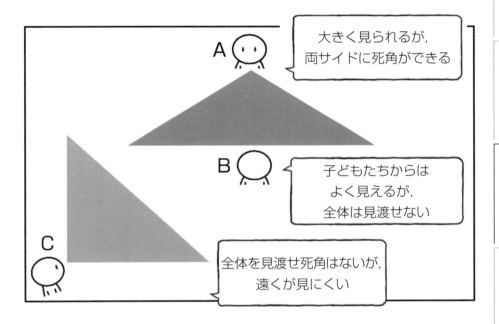

POINT

観る位置を決める「判断」観る「眼」

子どもたちの何を観るのか，その目的によって，見る位置や見る方向，方法を決定していきましょう！

Q41 成績（評定）をつける際に気をつけるべきことは？

1 評価？評定？

評価と評定。その言葉の意味を調べると，
- **評定**（一定の基準に従って，価値，価格，等級などを決めること）
- **評価**（その意義，価値を認めること）

とあります。「一定の基準があるかどうか」「認めることなのか決めることなのか」という点が異なります。子どもたちの動きや考えに対して「ＡＢＣ」「◎○△」などと決めることは評定ということになります。

2 評価と評定をつなぐ

学期末になると，学年の先生たちと「これができていたらＢにしよう」「これがしっかり理解できていたらＡにしよう」などと話し合うことがあるでしょう。その基準を基に，子どもたちの授業での様子や学習カードなどを鑑みて，どこに当たるのか決めていきます。そして，通知表などの成績に反映させていきます。これが評定です。

一方で，評価は目標に向けてどの程度到達したのかを認めることです。そこに一定のラインはありません。子どもたちの力を育んでいく授業において，ある一定のラインへの到達だけを見とる評定だけでは不十分です。刻々と変わりゆく状況の中で，個々の伸びや課題を日常的に評価していくことが欠かせません。形成的ともいえる評価をおこなうスキルが求められます。

単元のおわりや学期末のみのいわゆるテストにとどまらず，日々の評価をしっかりおこなうことで，**子どもたちにも納得される評定につなげる**ことができるのです。

A41 日々の評価を評定にしっかりつないでいくことです

評価を評定に

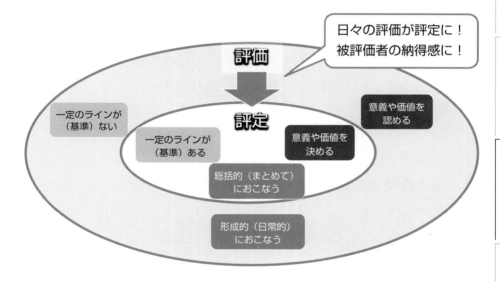

POINT

日々の成長を見つける「眼」「情熱」

刻々と変わりゆく状況の中で，個々の伸びや課題を日常的に評価していくことで，子どもたちからも納得を得られる評定に！

Q42 子どもたちを「評価」するとき のコツは？

1 小さなライン

　個々の伸びや課題，成長を日常的，かつすべて評価していくことは至難の業です。そこで，授業に向かう際に小さなラインをつくってみましょう。先ほど，「評価にラインはない」と述べたことと矛盾しますが，あらかじめ価値ある動きや言葉，思考を想定しておくのです。**評定に用いるラインの間に，より細かなラインをいれるイメージ**です。ＡとＢ，ＢとＣの間にある子どもの姿をたくさん描いておきます。実際の授業において，その場面を見聞きしたらすかさず評価を入れるのです。

2 小さなできたの発見

　例えば，体つくり運動の学びに向かう力のＡとＢの間に「身振り手振りで仲間に動きを伝える」，台上前転の技能のＢとＣの間に「お尻を跳び箱より高く上げることができる」，ゴール型の思考のＡとＢの間に「速攻にむかう動きがわかる」といったようにです。それぞれの子どもが，いま何につまづいたり，悩んだりしているのかが断然把握しやすくなります。それは，同時に**子どもたちの「小さなできた」を発見すること**につながります。

　また，その際の評価の言葉のバリエーションも持っておきましょう。ユーモアある表情や動きも大いに役立ちます。

　小さなできたをたくさん認めてもらえた子どもは，さらに見通しと意欲を持って，学習に向かうことができます。この小さなできたを設定する力，発見する力は，教師にとって重要なスキルです。

A42 「小さなできた」をあらかじめたくさん想定しておき，すぐに発見できるようにすることです

評価・評定のライン

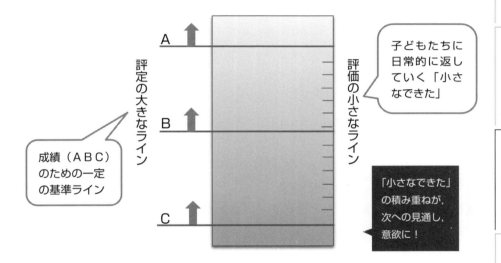

POINT
評価を子どもの心に届ける「言葉」「ユーモア」

ただ「できたこと」を「できている」と評価するにとどまらず，さまざまなバリエーションを持って評価することで，子どもたちの意欲へとつながります！

Q43 効果的にほめるポイントは？

1 ほめる効果

　「ほめて伸ばす」よく使われる言葉です。なぜほめれば伸びるのでしょう。次のような効果が期待できると言われています。
・モチベーションの向上（次の学習へのやる気につながる）
・自己有用感が高まる（自分はできる人間だという意識につながる）。
・相手からも好感を持たれる（先生への信頼につながる）。

2 ほめ時

　しかし，なんでもかんでもほめればいいというものではありません。ほめどころが肝心です。子どもたちもほめてほしいときがあります。**「小さなできた（Q42）」を達成したときにこそ「ほめ時」**です。その際，次のことを意識しておくとほめる効果もさらにあがります。
①**その瞬間を逃さずほめる**……発見した瞬間を見ることができたらすかさずほめましょう。動画などを見ながらでも OK。
②**大勢の前でほめる**……グループや全体が集合した場でほめます。本人の喜びにつながるとともに，周囲への鼓舞につながります。
③**間接的にほめる**……「○○さん，こんなことしていてすごいね」と本人には伝えず，グループの仲間やおうちの人にそっと伝えます。他者から伝え聞くことで，喜びも信頼性も増すことでしょう。
④**一緒に喜ぶ**……先生も一緒に喜びを表現することで，子どもたちに思いを届けましょう。先生への信頼につながります。
　子どもの様子に合わせて，ほめ方も研究してみましょう。

A43 ほめる効果は抜群です。子どももほめてほしい「ほめ時」を逃さず，効果的にほめることです

ほめるときの４つのポイント

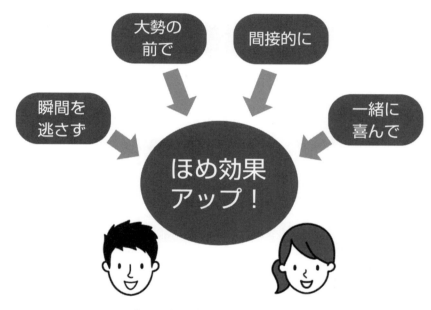

モチベーションアップ！　自己有用感アップ！　先生への信頼アップ！

> POINT
>
> ### 見つける「眼」ほめ時を逃さない「判断」
>
> 「瞬間を逃さず」「大勢の前で」「間接的に」「一緒に」の４つのポイントで，ほめる効果をアップさせることができます！

Q44 しかるときのポイントは？

1 しかる効果

　日々子どもたちと過ごしていると，どうしてもしかる必要がある場面が出てきます。しかる効果は次のようなことが考えられます。
・安全・安心の確保（危険性の理解，他者への安全の確保）
・行動の修正（次への正しい行動，学習内容の習得につながる）
・価値観の共有（個人，また全体に価値観を共有することにつながる）
　つまり，教師がこれからの授業で大事にしていきたいことを伝えることにもつながっています。

2 しかるポイント

　「なんでぼくだけ……」「何度も同じことをうるさいな…」など，同じ内容についてしかる場合でも，その**伝え方によっては，本意が伝わるどころか，反発をされることもあります。**しかる際には，次のことを意識して，話をすることで，教師の願いを子どもたちに届けましょう。
①**端的に話す（長い話は子どもの心にも残らない）。**
②**子どもの言い分に対して聞く耳を持つ（一方的にしからない）。**
③**しかられている理由を納得できるように（ダメな理由を明確に示す）。**
④**頭は冷静に（感情をむき出しにしない）。**
　しかるという行為は，決して気持ちのいいものではありません。しかるからには，その結果が双方にとってプラスになるようにしたいものです。また，怒鳴ってしかるのは私たちの持つ最後の手段であり，よほどのことがない限り用いないということも忘れてはいけません。

A44 しかるポイントを明確にしておき，しかった側，しかられた側双方にプラスになるようにすることです

しかるときの４つのポイント

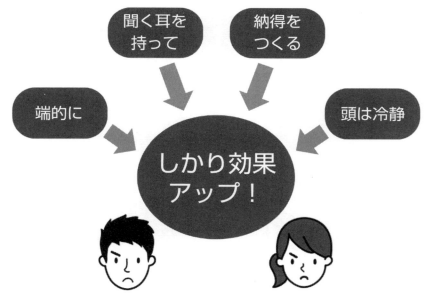

安全・安心の確保！　行動の修正！　価値観の共有！

POINT

互いにプラスにする「言葉」「腕」

しかるのは最後の手段。「端的に」「聞く耳を持って」「納得をつくる」「頭は冷静」のポイントをおさえて，教師の願いを子どもたちに届けましょう！

⑤ レベルアップスキル

自分をもっと高めたいのに，
どうすればいいのかわからない。
自分になにが足らないの？
どうすれば自分の力をより伸ばすことができるの？
どんな自分になりたいの？
いまの自分をレベルアップするスキルについて
考えてみましょう。

Q45 体育授業が生み出すよさは？①
〜同僚との関係〜

1 同僚性とは

　学校現場で起こる諸々の課題に立ち向かうのに，1人で頑張る必要はありません。複雑化，多様化する諸問題にチームとしての対応が求められます。そのチームには，管理職や外部機関との連携なども含まれますが，そのベースとなるのは「同僚性」です。同僚同士が互いに協力し合い，援助し合う関係ということです。それは一朝一夕でできる関係ではありません。日々の活動や取り組み，過ごした時間により形成されていくものです。**体育はその同僚性を育むのに適した教科**でもあります。

2 同僚性を育む場

　教科書のない体育では，どんな内容を授業で扱うか，どう学習を進めるかといったことを学年や支援担当と打ち合せしておく必要があります。
例えば，
・準備や片付けなどの担当クラスを決めて場を共有する。
・教材，教具を協力して作成する。交代で使う。
・得意な人の師範動画を撮影させてもらい各クラスで共有する。
・クラスを越えて発表会をひらく（他学年とも可）。
・体育的行事の内容，計画をともに検討する。
・教室では見せない子どもの姿を交流する。……
　体育は，子どものみならず先生たちのつながりを生み出す教科とも言えます。体育というフィルターを通して，周りの先生たちと対話する時間を生み出し，同僚性を育んでいく機会としましょう。

A45 体育は「同僚性」を築くのにぴったりの教科。行事や授業など互いに協力し合い，援助し合うことで，同僚との関係を深めることができます

体育で築く同僚性

POINT

同僚性を育む「言葉」「情熱」

体育授業は，子どもの様子がよく見える教科です。子どもたちの様子を語り合うことをきっかけに周りの先生たちと対話する時間を生み出せるようにしましょう。

Q46 体育授業が生み出すよさは？②
～保護者との関係～

1 保護者との信頼関係

　今の時代，保護者との信頼関係なしに学校教育を進めることはできません。子どもへの教育にプラスして，保護者への働きかけや対応まで，普段からわたしたちは見据えておくことが必要です。

　保護者からの信頼を勝ち得るもっとも効果的な方法は，子どもたちのよい姿を知ってもらうことです。

2 上手に育むために

体育には保護者の信頼を勝ち得るチャンスがたくさん転がっています。大いに活用してみましょう。例えば……

・保護者を招いて，これまでの成果をみてもらえるような発表会をひらく。
・できなかった技ができた時，ゲームで活躍した場面，仲間とよい関係で学習に向かっていた場面などを伝える。
・運動会にむけての練習過程での努力を通信などで発信する。
・一人ひとりの「小さなできた」を逃さず，子どもたちをほめる（⇒子どもたちがほめてもらったことをおうちで話す）。

　発表が苦手な子どもは，教室での授業参観では活躍する姿を見てもらうことがなかなかできません。体育ではすべての子が動いて学習している姿をしっかり見てもらうことができます。

　また，無理のない範囲で，感想の言葉をいただくなど，保護者の方からのリアクションをいただく機会もセットで設定できると，子どもたちのさらなる喜びにもつながります。

A46 体育には子どもたちのよい姿を通して，保護者の方の信頼を得られるチャンスがたくさんあります

保護者からの教師の見え方

保護者の見え方

子どもの声
子どもの姿
フィルター

教師の姿
授業の様子

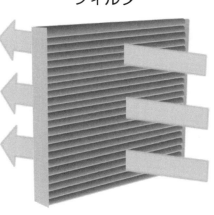

POINT

保護者の信頼を得る「腕」「情熱」

教室での授業参観では活躍する姿を見てもらうことは難しいですが，体育ではすべての子が動いて学習している姿をしっかり見てもらうことができます！

Q47 授業力を高めるために何すればよいか？①〜自己分析〜

1 己を知る

　先輩や周囲の先生で「すごいな」と思う人がいます。しかし，その人たちがみんな同じ「タイプ」かというと同じではありません。それぞれにタイプがあり，それぞれのよさがあります。まずは**自分がどんな教師なのか，どんな人間なのかを知ることが授業力向上の第一歩**です。

2 自己分析の方法

　教師として自己分析するために，自分の強み・弱みと好み・苦手をまず把握してみてください。この「強み」と「好み」をミックスさせたものがあなたが一番心地よく過ごしていられる姿です。まずは，ここを自分の武器として大いに活用し，伸ばしていきましょう。

　しかし，この強みと好みを掛け合わせたもののみでいつも授業ができるわけではありません。同時に「弱み」「苦手」を知っておくことが肝要です。苦手な事態を回避できるように事前に準備しておいたり，他の先生にヘルプを求めたりと対策を練ることができます。そうなると，弱み，苦手すらもあなたの武器になることがあります。無理に誰かになろうとしなくても，**あなたはあなたのままでいいんです**。

　次ページの図は，体育授業に特化して，わたし自身をざっくりと自己分析したものです。「子どもたちを盛り立て，楽しく学習に取り組ませること」はわたしの「強み」「好み」と一致しますが，時に気持ちが上がりすぎて，もめごとや怪我が起こるかもしれません。いつも授業に臨む際には，常にそのあたりを意識しておくことでプラスに働いています。

A47 まずは自己分析をして，自分の強みと好みを自覚することからはじめてみましょう。つまりは己を知ることからスタートです

自己分析（例）

自分が心地よい教師としての姿

強み
子どもを盛り上げること
臨機応変な対応
ほめること，声が大きい…

好き
子どもたちが自主的に動く姿
子どもたちが支え合う
ボール運動，体つくり

対策，事前準備，心構え

自分がマイナスと感じるところ

苦手
理路整然と制御された姿
器械運動系…

弱み
丁寧な準備や段取り
しかること，時間管理

POINT

己を知る「判断」次にいかす「腕」

あなたはあなたのままでOK！「弱み」「苦手」を知っておくことで，対策を練ることができます。「弱み」「苦手」もプラスに変えていきましょう！

Q48 授業力を高めるために 何すればよいか？②〜めざす姿〜

1 なりたい自分

　「どんな先生になりたいですか？」「どんな体育授業ができる先生になりたいですか？」この問いに，すっと答えがでてくるでしょうか。「あなたが望む授業における子どもたちの姿は？」となるとどうでしょう。イメージしやすいでしょうか。授業において，その子どもの姿を引き出せる教師。それこそがあなたのなりたい教師としての姿です。

2 なりたい自分になるために

　授業における望む子どもたちの姿を引き出すには，その方法を知らねばなりません，まずは「知識」が必要です。運動の構造やコツ，困っている子への解決法，意欲を引き出す方法，有効な教材教具や指導法……。その知識は多岐に渡ります。

　その知識を持ち合わせていれば，めざす子どもの姿にたどりつけるわけでもありません。それらの知識を使いこなす「スキル」も必要です。ここまで述べてきたわたしたちには与えられた「9つのワザ」を駆使して，それぞれの場面で「マネジメントスキル」が発揮されます。**「知識」と「スキル」は教師が成長するための両輪**と言えます。

　時に，知識やスキルがなくとも，うまくいくこともあります。しかし，それは「たまたま」です。どの学年でも，どんな子どもたちでもうまくいくかと言えばそうではありません。もちろんいくら周到に準備をしていても，うまくいかないことはありますが，知識やスキルが不足しているときに比べると，その成功率は格段に上がります。

参考文献　木原俊行（2004）『授業研究と教師の成長』日本文教出版

A48 授業におけるめざす子どもの姿を基に、その姿を引き出せる「知識」と「スキル」を身につけることです

教師として成長するために

> POINT
>
> ### イメージする「判断」成長しようとする「情熱」
>
> 情熱を持って「知識」と「スキル」を磨いていくことが授業力の向上、教師としての成長につながります。

Q49 授業力を高めるために 何すればよいか？③〜振り返り〜

1 振り返り

授業は基本的に１人です。孤独な戦いです。 その授業の善し悪しは，なんとなく肌で感じることはあっても，何がよかったのか悪かったのか，１人で振り返ることは少ないのではないでしょうか。

また，授業力をあげるために「己を知る」と述べましたが（Q47），自分のことをすべてわかっているかと言えば意外とわかっていないものです。振り返ることは，無意識の行動や考え方を意識化していくことであるとともに，「次の変化」へのチャンスとなります。

2 振り返りの方法

振り返りをする際は，次のことを意識しておこなってみましょう。

・**記録を残す！**……自分の変化に気付いたり，比較したりできるように録音や録画などで記録を残しておくことは有効です。

・**視点を定める！**……すべての点を振り返っていては，時間がいくらあっても足りません。「板書」「子どもの反応」など視点を決めておきましょう。

・**いちいち落ち込まない！**……反省も必要ですが，次の授業に向けて前向きな気持ちになるためにおこないましょう。

・**時間をかけすぎない！**……次の準備ができなくなっては本末転倒です。

忙しい中，振り返りをおこなうことは時間的な負担も大きくなります。10分でも OK。通勤時間やスキマ時間など，自分の都合のいい時間を捻出してください。振り返りは，自分との対話です。この小さな対話の繰り返しが，いつか大きな変化となっていきます。

A49 自分との対話をしっかりおこない，自己の行動や考え方を意識化していくことです

振り返り4つのポイント

自己との対話

- ○記録 ⇔ ×感覚
- ○視点を定める ⇔ ×視点を定めない
- ○前向きになる ⇔ ×後ろ向きになる
- ○短時間 ⇔ ×長時間

> POINT
>
> ### 振り返る「情熱」分析する「判断」
>
> ICT機器などを活用して録画や録音をおこない，通勤時間やスキマ時間など，ちょっとした時間を見つけて自分との対話をしましょう！

Q50 授業力を高めるために 何すればよいか？④〜学びの場〜

1 あこがれ

　授業力を高める最も手っ取り早い方法は，「あこがれ」をつくることです。あなたが「あこがれ」を抱く人とは待っていてもなかなか出会うことはできません。自ら求めてみてください。所属する学校や市町村の研究会，民間団体など，少しの勇気を出して自ら一歩踏み出したとき，素敵な出会いが待っています。**その「あこがれ」は，きっとあなたの学びの原動力となることでしょう。**

2 あこがれにあこがれ合う関係

　よい仲間の集団とは互いがどんな関係なのでしょう。どんな学級にしたいかにも通じる質問かもしれません。わたしは，互いのよさを尊重し合い，高め合える関係だと考えています。自分の主義主張だけを述べるのではなく，だれかの言うことだけを妄信するのでもなく，学び合える集団です。

　わたしが所属する関西体育授業研究会では，そんな関係を**「あこがれにあこがれ合う関係」**と言っています。だれかがあこがれに向かって努力している姿をみて，あこがれる人がいます，またその人をあこがれる人にあこがれる……と。あこがれの連鎖が起こる状態です。

　もちろん1人で学ぶことだってできます。しかし，そういった学び合える集団に身を置くことができると，授業力向上のスピードは格段にあがります。1人では得られないことも，仲間がいるから得られることがたくさんあるからです。ぜひ，よい学びの場を見つけ，授業力を高められる場に自分を置いてみてください。

A50 互いに高め合える仲間との場を持ち，「あこがれ」に向かって歩みを進めていくことです

あこがれの連鎖

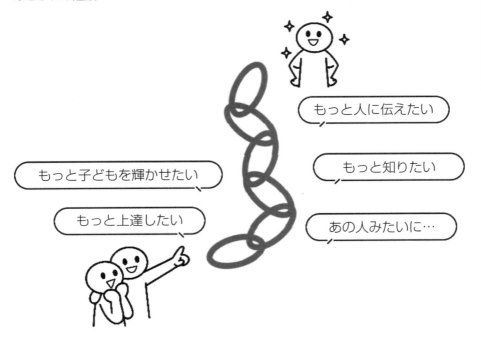

> POINT

出会いを求め，成長したいと願う「情熱」

あこがれにあこがれ合う関係，そんな関係を持てる集団に身を置くことができると，授業力向上のスピードも格段にアップ！

【著者紹介】
垣内　幸太（かきうち　こうた）
箕面市立箕面小学校長
1974年　兵庫県生まれ，大阪教育大学教育学部卒業
2009年　関西体育授業研究会設立
2015年　授業力＆学級づくり研究会設立
大阪教育大学附属池田小学校，箕面市立とどろみの森学園を経て現職

〈著書〉
『学級力が一気に高まる！絶対成功の体育授業マネジメント』（明治図書出版）
『笑顔で全員参加の授業！ただただおもしろい指名の方法48手』
『授業が一気に活性化！ただただおもしろい音読の方法48手』（明治図書出版）
『「あそび＋学び＋安全」で，楽しく深く学べる体育アクティビティ200』（フォーラムＡ）
『教壇に立つ30代のあなたに伝えたいこと』（東洋館出版）
『たのしく上達！音読クエスト１～３』（汐文社）
他

体育科授業サポートBOOKS
図解でわかる！体育授業の必須スキルＱ＆Ａ

2025年２月初版第１刷刊　Ⓒ著　者　垣　内　幸　太
　　　　　　　　　　　　　発行者　藤　原　光　政
　　　　　　　　　　　　　発行所　明治図書出版株式会社
　　　　　　　　　　　　　　　　　http://www.meijitosho.co.jp
　　　　　　　　　　　　　（企画）木村　悠　（校正）染谷和佳古
　　　　　　　　　　　　　〒114-0023　東京都北区滝野川7-46-1
　　　　　　　　　　　　　振替00160-5-151318　電話03(5907)6703
　　　　　　　　　　　　　ご注文窓口　電話03(5907)6668
＊検印省略　　　　　　　　組版所　藤　原　印　刷　株　式　会　社
本書の無断コピーは，著作権・出版権にふれます。ご注意ください。

Printed in Japan　　　　　　　　　ISBN978-4-18-098824-2
もれなくクーポンがもらえる！読者アンケートはこちらから→